Hermann Weißker

Vonovia
oder doch
Ganovia?

novum pro

www.novumverlag.com

Bibliografische Information
der Deutschen Nationalbibliothek:

Die Deutsche Nationalbibliothek
verzeichnet diese Publikation in
der Deutschen Nationalbibliografie.
Detaillierte bibliografische Daten
sind im Internet über
http://www.d-nb.de abrufbar.

Alle Rechte der Verbreitung,
auch durch Film, Funk und Fernsehen,
fotomechanische Wiedergabe,
Tonträger, elektronische Datenträger
und auszugsweisen Nachdruck,
sind vorbehalten.

© 2021 novum Verlag

ISBN 978-3-99107-289-8
Lektorat: K. Kulin
Umschlagfotos:
Mastercard Popov | Dreamstime.com;
Hermann Weißker
Umschlaggestaltung, Layout & Satz:
novum Verlag
Innenabbildungen: Hermann Weißker

Die vom Autor zur Verfügung gestellten Abbildungen wurden in der bestmöglichen Qualität gedruckt.

Gedruckt in der Europäischen Union
auf umweltfreundlichem, chlor- und
säurefrei gebleichtem Papier.

www.novumverlag.com

Inhaltsverzeichnis

Vorwort 7
Der Buchtitel 10
Die Kommunikation 11
Die Betriebskostenverordnung (BetrKV) 17
Die Betriebskostenabrechnung 19
Die Kostenarten 28
Hauswart 30
Kosten Aufzugsanlage 52
Außenanlagen 55
Stromversorgung und Wartung Notstromanlage 58
Winterdienst 61
Wartung Löscheinrichtung 63
Gebühr für Fernsehen 65
Wartung elektrische Türen 68
Abrechnungskreativität 72
Wahrung des Grundsatzes der Wirtschaftlichkeit 81
Entschuldigungen 84
Kostenentwicklung der Wohn- und Außenflächen 88
Modernisierung 2018 89
Mieterhöhungen 94
Mietminderung aufgrund des
Ausfalles der Personenaufzugsanlage 99
Mietminderung wegen Baulärm 101
Unfallmeldung 103
Nachwort 106
Anhang 109

Vorwort

Vonovia ist kein unbekannter Begriff, zumindest nicht in der internationalen Immobilienlandschaft – oder doch? Für beide Fälle wird im Folgenden das Bild des Unternehmens deutlicher, schärfer und kontrastreicher abgebildet.

Mehr als 40 Jahre sind meine Vermieter die WOBA Dresden GmbH und ihre Rechtsnachfolger. Bis zur Wende war ich Hausvertrauensmann. Ich erinnere mich an eine vertrauensvolle Partnerschaft und Zusammenarbeit zwischen uns Mietern und der Wohnungsverwaltung. Heute gibt es dieses Verhältnis nicht mehr. Es ist durch Misstrauen und Unverständnis der Mieter gegenüber Entscheidungen und Maßnahmen auf der einen Seite und Informationsleere und die Unfähigkeit, lösungsorientiert Anliegen der Mieter zu beiderseitigem Nutzen zu bearbeiten, auf der anderen Seite gekennzeichnet. Ich versuche schon seit 2015/2016 jährlich Widersprüche zu den Betriebskostenabrechnungen zu klären – keine Chance. Die Bearbeitung meiner Anliegen und die Antworten des Vonovia Kundenservices ergeben neue nicht nachvollziehbare Unklarheiten, die sich zu einer zeitraubenden Frage-Antwort-Schleife entwickeln (Anlage 1), die dann irgendwann ungelöst abgebrochen wird. Mit der vorliegenden Lektüre will ich über meine persönlichen Erfahrungen, Erfolge aber auch Misserfolge aus der langjährigen Auseinandersetzung mit Vonovia berichten.

Setzt man Google auf Vonovia an, so erhält man über 1.250.000 Ergebnisse in nur wenigen Zehntelsekunden – das ist rekordverdächtig und es sind bei Weitem keine Liebeslieder, Danksagungen oder Lobeshymnen. Eine andere eindrucksvolle Variante bietet YouTube an. Hier werden Videos gezeigt, in denen Vonovia-Machenschaften nur Kopfschütteln veranlassen. Wer es allerdings schafft, ohne dass er es will, mehrmals in der ZDF heuteshow seine außergewöhnlichen Vorzüge zu zeigen, der hat schon etwas Besonderes drauf.

Diese sagenhaften medialen Meinungsäußerungen und kritischen Darstellungen lassen die Vonovia-Manager kalt. Übereinstimmung besteht offensichtlich im Unternehmen darin, dass das Geschreibe, das Geschimpfe, die Kommentare, die Kritiken und auch Gutachten im Internet grundsätzlich nicht interessieren. Es wird versucht, eine Vonovia-Auffassung über das Recht bzw. über die Rechtsprechung zu stellen. Behauptungen werden als Rechtsmeinung deklariert. Die nach diesem Geschäftsgebaren bearbeiteten Frage- und Problemstellungen der Mieter vermitteln das Gefühl, dass das einzelne Anliegen nicht verstanden wurde. Je problemnäher und konkreter die Fragestellung an Vonovia ist, desto ausweichender, widersprüchlicher oder irrelevanter sind die Antworten oder sie bleiben ganz aus. Wenn die Palette dieser Merkmale ausgeschöpft ist, keine vorbereiteten Textbausteine mehr zur Verfügung stehen oder der Ablehnungsargumentation die Puste ausgeht, wird nicht nachvollziehbar und ohne Lösungsansatz die Problembearbeitung systematisch abgebrochen. Sehr selten und nur wenn es keinen anderen Ausweg mehr gibt und jede weitere Begründung, Erklärung oder Entschuldigung peinlich wird, ist eine Gutschrift aus Kulanz und ohne Anerkennung einer Rechtspflicht die Lösung. Das Problem wird damit abschließend und endgültig für erledigt erklärt. So einfach ist die Sache.

Leider belegen zu viele Beispiele das Überschreiten einer roten Linie der Redlichkeit und der sozialen Verantwortung in der Geschäftspraxis des Unternehmens. Sie weist eindeutig Merkmale des Tatbestandes Aneignung von Vermögensvorteil auf. Das alles wird dem Mieter vom größten deutschen Immobilienunternehmen immer mit der sehr bescheidenen sowie kleingeschriebenen, aber sehr ernst gemeinten Standardinformation beigebracht:

im Namen und für Rechnung für
SÜDOST WOBA DRESDEN GMBH

Soll dieser Hinweis als Entschuldigung für eventuelle Fehler in der eigenen Verwaltungsarbeit stehen und klarstellen, wer die Schwarze-Peter-Karte in der Hand hält?

Das klingt fast so, als würde der Bundespräsident im Namen des Staatsrates der ehemaligen DDR Forderungen an die ostdeutschen Bürger stellen. Die ständige penetrante Wiederholung des Slogans wirkt wie eine schlechte Dauerwerbung für das Scheinprodukt: soziale Verantwortung. Sie ist lächerlich und inhaltlich schon lange verjährt. Solange alle Entscheidungen und Informationen im Namen der Vergangenheit überbracht werden, solange Antworten mehr Fragen initiieren als die gestellte, kann es keine zukunftsorientierte vertrauensvolle Zusammenarbeit geben.

Ziel meiner Ausführungen ist es, Ihren Widerspruchsgeist anzuregen und fragwürdige Ergebnisse oder Entscheidungen zum Thema Mietrecht und insbesondere zur Betriebskostenabrechnung zu hinterfragen. Ich werde Ihnen eine Menge mietrechtlicher Ungereimtheiten präsentieren sowie starke Argumente, widersprüchliche Antworten und interessante Erlebnisse, die sich aus meiner beharrlichen Auseinandersetzung mit dem Verwaltungsbevollmächtigten der WOBA Dresden GmbH ergaben, darstellen. Bearbeitungsergebnisse meiner Anliegen und Zahlenbeispiele werden dabei eine überzeugende Rolle übernehmen, aber auch Auszüge aus Dokumenten, Antworten und Entscheidungen sowie sagenhafte Entschuldigungen runden das Image der Vonovia ab.

Es wird dem Leser überlassen, nach der Lektüre den Kopf fragend zu schütteln: „Das glaube ich nicht, das kann nicht wahr sein!" Oder: „Das ist nichts Neues, ich wusste es schon."

Lasst uns aufbrechen zum Abenteuer in unser Vonovia-Erlebniswohnumfeld: Wohnen in Geborgenheit. Sorge, dass man seine persönliche Unversehrtheit dabei einbüßt, braucht niemand zu haben, denn die Türen des Gebäudes stehen jedem offen und der Außenbereich ist grenzenloser öffentlicher Verkehrsraum.

Hermann Weißker

Der Buchtitel

Spannend für alle Mieter wird es, wenn die Betriebskostenabrechnungen alljährlich in die Wohnzimmer flattern. Wenn mehr als drei Mieter zu diesem bedeutungsvollen Zeitpunkt im Haus oder im Außenbereich des Grundstücks erregt diskutieren und gestikulieren, dann geht es relativ laut und für alle Umstehenden sichtbar um den Weltmeister im Erfinden neuer Kostenarten, um den Abrechnungskünstler besonders eigener, aber auch fremder Kontrollen und Leistungen im Wohnhochhaus und in der Außenanlage, um den Wächter der konsequenten Einhaltung und Wahrung des Wirtschaftlichkeitsprinzips, um den Meister, der mit nicht nachvollziehbaren Formulierungen und Darstellungen brilliert, um den Verwaltungsbevollmächtigten (Verwaltungsvollmacht: Bochum, den 24.01.2019) der WOBA Dresden GmbH.

Dieser Titel der Vonovia als Rechtsnachfolger auch für die WOBA Dresden GmbH wird eindrucksvoll und mit Nachdruck stolz auf dreiundzwanzig A4-Seiten nachgewiesen. Er klingt nicht nur mächtig deutsch, sondern ist auch durchaus furchteinflößend. Der große Vorteil aber liegt darin, dass mit dieser Funktionsbezeichnung die tiefe internationale Finanzverflechtung der Vonovia unbemerkt bleiben soll. Eins ist klar, dem Verwaltungsbevollmächtigten geht es nur um Gewinnoptimierung, Sicherung finanzstrategischer Ziele und Gewährleistung hoher Dividende mit allen Mitteln.

Die Kommunikation

Mit der Kommunikation zwischen Mieter und dem Verwaltungsbevollmächtigten des Vermieters ist das so eine Sache. Sie hat ja eigentlich die Funktion, die Führung, die Organisation sowie das Marketing aller Geschäftsaktivitäten nach innen und außen, aber besonders uns Mietern gegenüber, achtungsvoll und verständlich zu gestalten. Der erforderliche und vertrauensvolle Dialog zwischen beiden Mietvertragspartnern besitzt leider Merkmale einseitigen Desinteresses, von Widersprüchlichkeit, Hinhaltetaktik, Überrumpelung sowie Mangel an Problemlösungen bis hin zum Abbruch der Problembearbeitung. Die Verständigung deutet eher auf eine Vertragsgegnerschaft als auf eine Vertragspartnerschaft hin.

Die zahlreichen möglichen Kommunikationskanäle zu Vonovia sind gewollt sehr eng ausgelegt und wirken wie ein Filter. Auf normale Postsendungen und E-Mails wird nicht reagiert und geantwortet. Telefonate sind sehr zeitaufwendig. Der schnelle Kontakt zu uns ist die Telefonnummer 0234/414700 und je nach Laune des Gesprächspartners zusätzlich die Forderung nach der 18-stelligen Identifikationsnummer. Nur auf Einschreibebriefsendungen erhält man in der Regel eine schriftliche oder in Ausnahmefällen eine telefonische Eingangsbestätigung. Die Erstere ist ein Meisterstück der schriftlichen Kommunikation und wird inhaltlich gekennzeichnet durch Zuckerbrot und Peitsche: Zuerst eine Danksagung für die Mitteilung des Anliegens, dann die Bitte um Verständnis für eine unbestimmte Bearbeitungszeit, es folgt das Versprechen, sobald wie möglich eine Klärung herbeizuführen und im Schlussteil der Versuch einer Einschüchterung, dass die *neu berechneten Vorauszahlungen vom Einspruch unberührt bleiben* (Anlage 2). Diese Botschaft wird gezielt dem mutigen Absender übermittelt. Dabei geht es gar nicht um die Vorauszahlung, sondern um Kritiken an der Abrechnungsmethodik, die zu lange Bearbeitungsdauer, die Widersprüchlichkeit von Begründungen und Antworten sowie um nicht nachvollziehbare Entscheidungen, aber leider auch um die Nichtbeantwortung von Fragen und Problemstellungen. Das alles klingt sehr unglaubwürdig oder übertrieben. Einen Versuch ist es wert, senden Sie eine ernst gemeinte Problemstellung an den Vonovia-Kundenservice. Falls Ihnen keine Fragen auf dem Herzen liegen sollten, bedienen Sie sich einfach im Kapitel Kostenarten und freuen Sie sich auf die automatisch erstellte und von Textbausteinen zusammengefügte Empfangsbestätigung. Aber Achtung, die Mindestanforderungen müssen eingehalten werden: Sie müssen Mieter von Vonovia sein und dürfen das Einschreiben der Briefsendung nicht vergessen. Ich habe sehr viele solche Empfangsbestätigungen erhalten, sie sind faszinierend in Form und Inhalt – sie unterscheiden sich nur durch das Erstellungsdatum.

Im Verlauf der weiteren Auseinandersetzung zur Betriebskostenabrechnung 2015/2016 unterbreitete mir der Kundenservice Vonovia das Angebot, persönliche Gespräche mit dem Kontrollbeauftragten und seinem Vorgesetzten zur Klärung der unterschiedlichen Auslegungen mietrechtlicher Regelungen bzw. zu Fragen der Nebenkostenabrechnung zu vereinbaren und zu organisieren. Da das Angebot nur leere Worte waren, habe ich es als Forderung erhoben und die Gesprächstermine vereinbart.

Der Informationsgehalt der ersten persönlichen Aussprache am 04.06.2018 mit der Firma Immo Service Dresden GmbH war kümmerlich, halbherzig und inhaltlich lückenhaft, aber ehrlich. Wie würden Sie folgende Antworten im Gespräch auf meine Fragen bewerten?

- *Alle Kontrollaufgaben erhalte ich täglich digital und melde ihre Durchführung täglich auf dem gleichen Weg ab.*
- *Alle abgerechneten und umgelegten Kosten habe ich mit Hilfe eines 400-Euro-Angestellten durchgeführt. Es ist ja egal, wer die Tätigkeit ausführt.*
- *Zu den von mir durchgeführten und abgerechneten Kontrollen, die objektiv nicht möglich sind, habe ich keine Erklärung.*
- *Es ist mir noch nicht aufgefallen, dass es zum Beispiel keine Fußabtritte an der Außentür und der Kellertreppe gibt.*

- *Eine Gehaltserhöhung, die aufgrund der Umstellung von der pauschalen zur leistungsbezogenen Vergütung des Hauswartes zum 01.01.2016 möglich wäre, habe ich nicht erhalten.*
- *Für die abgerechneten Hausmeisterkontrollen bekomme ich keinen Cent.*
- *Eine Einladung zur Informationsveranstaltung für die Mieter des Hauses im Juli 2018 habe ich nicht erhalten – ich wäre auch nicht gekommen, um auf Anfragen oder Probleme der Mieter antworten zu müssen. Ich mache nur meinen Job.*

Schade, dass dieser Job nicht mit mehr persönlicher Eigenverantwortung ausgeführt wird.

Das darauffolgende Gespräch am 16.10.2018 mit der Vonovia-Regionalleitung war kooperativ und klärend, wenn auch manche Antworten inhaltlich unerwartet und fragwürdig waren:

- *Die Kostenart Hauswart ist zulässig und rechtmäßig, auch wenn es keinen Hauswart für das Mietobjekt gibt.*
- *Da es keinen Hauswart gibt, gibt es auch keinen Arbeits- und keinen Leistungsvertrag für diese Tätigkeit.*
- *Die gesamte Hausmeisterkontrolltätigkeit ist in einem einheitlichen Vonovia-Standardkontrollplan (Anlage 3) für alle Vonovia-Mietobjekte festgelegt.*
- *Die Kontrollen wurden nicht, wie behauptet, vom Objektbetreuer festgelegt und in einer Liste zusammengefasst.*
- *Die Umstellung der bisherigen Pauschal- auf eine leistungsbezogene Vergütung ist falsch formuliert, es muss richtig heißen: Umstellung auf eine sachbezogene Abrechnung.*
- *Es handelt sich nicht um eine personengebundene Vergütung, sondern um umlegbare Kosten der Hausmeisterkontrolltätigkeit und erfüllt somit die gesetzlichen Bestimmungen.*
- *Die Fakturierung von 26,35 €/Kontrolle wurde nicht wie behauptet von der Firma Immo Service Dresden GmbH kalkuliert, sondern von der Vonovia errechnet und festgelegt.*
- *Mieterversammlungen oder Informationsveranstaltungen führen wir nicht durch, weil wir uns nicht beschimpfen lassen wollen.*

Nach einer im März 2019 im Auftrag der Vonovia durchgeführten Telefonumfrage, um ein reales Mieterstimmungsbild zu erhalten, wurde aufgrund meiner Kritiken ein weiteres persönliches Gespräch von der Vonovia-Regionalleitung Dresden zum 14.03.2019 angeboten. Übereinstimmendes Ziel der Aussprache war, offene Probleme, unbeantwortete Fragen, widersprüchliche Auslegungen von mietrechtlichen Regelungen zu klären. Vor allem ging es mir darum, die ständig weitere Schädigung des Vertrauensverhältnisses zwischen uns Mietvertragspartnern aufzuhalten.

Es wurden keine Fragen beantwortet oder Probleme geklärt und es war auch kein vertrauensbildendes Gespräch. Meine Darstellung des bestehenden Zusammenhanges zwischen Informationspolitik und Vertrauensbildung wurde nicht verstanden. Jede Antwort weitete die Problemstellung aus und belastete die Glaubwürdigkeit. Meine deutliche Kritik, dass die Informationspolitik eine der Hauptursachen für das schlechte Image des Verwaltungsbevollmächtigten bei den Mietern ist und auch in den Medien deutlich zum Ausdruck kommt, wurde zurückgewiesen. Die übereinstimmende Aussage in den drei Gesprächen lautete: *Was im Internet über uns geschrieben wird und die Medien uns vorwerfen, interessiert uns nicht.*

Die abgegebenen Begründungen, warum Vonovia keine Mieterversammlungen oder Informationsveranstaltungen durchführt, wurden als falsch abgetan und behauptet, dass Veranstaltungen dieser Art mit Gastrednern erfolgen.

Außerdem wurden im Gespräch folgende Problemfelder von mir angesprochen: die Art und Weise der Bearbeitung von Eingaben, die Ankündigung und Durchführung der Modernisierungen 2018, die inhaltliche und strukturelle Anwendung der Betriebskostenverordnung, die getroffenen Entscheidungen zu den Mietminderungsanträgen und die widersprüchlichen Aussagen zum Unfall vom 01.12.2018 sowie die hohe Anzahl der unterschiedlichen Entschuldigungen in den Antwortschreiben.

Das einzige Ergebnis der Aussprache waren das Versprechen und die Zusicherung, dass alle offenen Fragen und ungelösten

Probleme innerhalb von vier Wochen schriftlich beantwortet würden. Diese Zusage wurde nicht eingehalten!

In gleicher Weise, wie sich der Schriftverkehr zur aufgezeigten Problematik vervielfacht und ausgeweitet hat, so haben sich die inhaltlichen Ergebnisse der Bearbeitung in Widersprüchen und Wiederholungen verzettelt, wurden als Behauptung ohne Nachweis dargestellt oder das Problem wurde für erledigt erklärt. Diese gegenwärtig praktizierte Informationspolitik hat keine soziale Komponente, sie wird als Mittel der Intransparenz, der Irreführung, der Überrumpelung sowie der Vertuschung und Entschuldigung von Fehlern in der Verwaltungsarbeit uns Mietern gegenüber eingesetzt.

Vonovia-charakteristisch ist auch die Tatsache, dass in der Regel nur Einschreiben bearbeitet werden. Normale Postsendungen oder E-Mails werden ignoriert. Alle persönlichen Einschreiben an den Vorstandsvorsitzenden oder an den Vorsitzenden des Aufsichtsrates wurden vom Kundenservice bearbeitet und beantwortet, natürlich in deren Auftrag. Die Bearbeitungsergebnisse zeugen oft von mangelnder fachlicher Kompetenz und fehlender sozialer Verantwortung und lassen den Schluss zu, dass die Auftraggeber über die in ihrem Namen erteilten Antworten und Entscheidungen nicht inhaltlich informiert werden, sonst könnte so ein Wirrwarr von Aussagen im Schriftverkehr nicht nach außen dringen. Die erste Reaktion auf Kritiken, Anträge oder Forderungen von Mietern sind meistens Ablehnungen oder nicht lösungsorientierte Reaktionen.

Der Höhepunkt der mehrjährigen Kommunikation wird gekennzeichnet durch die Entscheidung im Auftrag des Vorstandsvorsitzenden vom 07.02.2020: *In Ihrem Schreiben wünschen Sie einen Gesprächstermin. Aufgrund der bereits stattgefundenen Termine und die durch uns bereits zahlreichen Stellungnahmen, halten wir einen weiteren Gesprächstermin für nicht zielführend.*

Mein formuliertes Anliegen für das Gespräch lautete: Ziel der Zusammenkunft muss die sachliche und lösungsorientierte Klärung der unbeantworteten Fragen, angesprochenen Probleme, die Annäherung unserer unterschiedlichen Auslegungen und Standpunkte zur Rechtslage und die Einschränkung des Schriftverkehrs sein.

Schade, dass meine persönlichen Zielvorgaben nicht mit den Zielvorstellungen des Verwaltungsbevollmächtigten übereinstimmen und im Auftrag des Vorstandsvorsitzenden als nicht zielführend eingestuft wurden. Ist diese grundsätzliche Gesprächsverweigerung das Ende der bisherigen zähflüssigen Kommunikation, wurde nun endlich die sprichwörtliche Katze aus dem Sack gelassen oder ist sie der Startschuss für den Neuanfang einer respektvollen lösungsorientierten Zusammenarbeit auf Augenhöhe zwischen uns Mietvertragspartnern?

Wenn man sich allerdings nicht abwimmeln lässt, beharrlich, sachlich und konsequent die Problemlösung anstrebt, Fleiß und Mühe nicht scheut und immer wieder von seinem Widerspruchsrecht Gebrauch macht, dann erlebt man Erstaunliches. Das kann auch zu dem Ergebnis führen: Entweder Sie akzeptieren unsere Rechtsmeinung oder veranlassen eine gerichtliche Überprüfung.

Die Betriebskostenverordnung (BetrKV)

Umgangssprachlich wird die BetrKV auch als Katalog der Kostenarten bezeichnet. Sie ist die gesetzliche Vorgabe für die Umlagefähigkeit von Kostenarten in der Betriebskostenabrechnung. Der Vermieter muss allerdings noch weitere Forderungen und Bedingungen des Gesetzgebers bei der Aufstellung der Kostenabrechnung erfüllen, damit die Rechnung nicht ohne den Wirt gemacht wird und die Abrechnung dadurch nicht unwirksam ist. Dazu gehören in erster Linie die inhaltliche und formelle Fehlerfreiheit, die Erfüllung der allgemeinen Anforderungen, die eindeutige Formulierung der Forderungen, die Nachvollziehbarkeit der Berechnungen sowie die Einhaltung des Prinzips der Wirtschaftlichkeit.

Selbstverständlich müssen die BetrKV, der Mietvertrag, seine vertraglichen Ergänzungen und die Betriebskostenabrechnung miteinander korrespondieren und sich nicht gegenseitig aushebeln. Die Veränderung der Betriebskosten erfordert eine verständliche Erklärung oder Erläuterung des Grundes, die Veränderungsmöglichkeit muss im Mietvertrag verankert sein. Die Beweislast der Rechtmäßigkeit und der sachlichen Richtigkeit der Betriebskostenabrechnung liegt beim Vermieter. Er hat die umfassende Belegeinsicht, die die Grundlage für die Aufstellung der Kostenabrechnung jeder einzelnen Kostenart bildet, auf Antrag zu gewähren.

Laut Katalog der Kostenarten gibt es sechzehn inhaltlich definierte Kostenarten sowie die Möglichkeit, die Anzahl der Kostenarten, die von der Aufzählung nicht erfasst werden konnten, weil sie zum Zeitpunkt des Abschlusses des Mietvertrages nicht vorhanden waren und nicht vergessen wurden, aber neu hinzugekommen sind, zu ergänzen. Diese sogenannten sonstigen Betriebskosten sind nur umlagefähig, wenn sie im Mietvertrag ausdrücklich im Einzelnen mietvertraglich bezeichnet wurden

(Urteil BGH vom 07.04.2004, Az.:VIII ZR 167/03). Das bedeutet, dass die neu umzulegende Kostenposition im Rahmen der sonstigen Betriebskosten einzeln genannt und genau bezeichnet sein muss. Der Vermieter ist gesetzlich verpflichtet, neu entstandene Kostenarten den Mietern nach Bekanntwerden schriftlich mitzuteilen. Die Betriebskostenabrechnung zählt nicht als Vorinformation über die neue Kostenart, sondern sie stellt schon das Abrechnungsergebnis dar. Bei Versäumnis und Missachtung dieser Grundregel ist die Forderung des Vermieters diesbezüglich unwirksam.

Die Festlegungen der Betriebskostenverordnung werden bewusst fragwürdig und auch in vielen Fällen zum Nachteil des Mieters ausgelegt und angewendet. Dazu gehören insbesondere die Veränderungen von Kostenartenbezeichnungen, die Doppelabrechnung von Kostenpositionen, die Umlage der Umsatzsteuer, Kontrollkosten zur Feststellung von Mängeln sowie Leistungsabrechnungen, die objektiv nicht erbracht werden konnten.

Die Betriebskostenabrechnung

Eigentlich könnten die Betriebskostenabrechnungen überschaubar, verständlich, fehlerfrei und vergleichbar gegenüber der Vorjahresabrechnung erstellt und den Mietern übergeben werden. Das setzt aber vom Vermieter Ehrlichkeit, Fairness, soziale Verantwortung, Einhaltung der gesetzlichen Regelungen, Eindeutigkeit in der Formulierung, Wahrung des Grundsatzes der Wirtschaftlichkeit und gewollte Transparenz bei der jährlichen Abrechnung voraus. Wenn aber Geldgier und maximale Gewinnerwirtschaftung an erster Stelle stehen, dann kann zwangsläufig keine der genannten Eigenschaften und Merkmale annähernd erreicht werden. Die Folgen sind Nichtnachvollziehbarkeit der Abrechnung, Nichteinhaltung des Prinzips der Wirtschaftlichkeit, formale und inhaltliche Fehler in der Betriebskostenabrechnung, Intransparenz durch Bezeichnungsänderungen der Kostenarten, Erfindung neuer Kostenarten, nicht eindeutige Formulierungen sowie die ständige Veränderung der Reihenfolge der Kostenarten in der jährlichen Nebenkostenabrechnung.

Auffällig und fragwürdig ist bei der Berechnung der anteiligen Kosten pro Kostenart die Anwendung der sogenannten Abrechnungseinheit. Dabei beziffert die Abrechnungseinheit A die Summe der Wohnungsflächen und B die Wohnfläche des Wohnhauses.

Die Wohnflächenverordnung (WoFlV) und die DIN 277 stellen den rechtlichen Rahmen für die Flächenzuordnung dar und beantworten eindeutig, was zur Wohnfläche des Wohnhauses zählt:

Räume	Art der Fläche nach DIN 277	Art der Fläche nach WoFIV
Wohnung lt. Mietvertrag	Nutzfläche	Wohnfläche
Hausflur	Verkehrsfläche	Wohnfläche
Treppenräume	Verkehrsfläche	Wohnfläche
Keller	Nutzfläche	keine Wohnfl.
Hauswirtschaftsräume	Nutzfläche	keine Wohnfl.
Balkon, Terrasse	Nutzfläche	50% Wohnfl.

In den Erläuterungen zu den Betriebskostenabrechnungen wird zwischen den Abrechnungseinheiten A und B unterschieden:

Abrechnung	Wohnfläche gesamt Abrechnungseinheit B	Wohnungsflächen Abrechnungseinheit A
2003	8497,56 m²	7591,8 m²
2003–2014*	8106,56 m²	7200,8 m²
2014/2015	8106,56 m²	7200,8 m²
2015/2016	8106,56 m²	7200,8 m²
ab 2016/2017	entfällt	7200,8 m²

*Veränderung der Wohnungsflächen gesamt durch den Rückbau der leer stehenden Dreiraumwohnungen in Zweiraumwohnungen zu Gunsten der Verkehrsfläche.

Da sich normalerweise nur durch Aus- bzw. Zuzug die Summe der vermieteten Wohnfläche A verändern kann, spielt sie keine Rolle bei der Berechnung der mieteranteiligen Kosten pro Kostenart (KA):

Kostenanteil [€] = Gesamtkosten pro KA [€] multipliziert mit der Wohnungsfläche [m²] geteilt durch die Abrechnungseinheit [m²]

Um den Kostenanteil gewinnbringender zu gestalten, muss die Berechnung so angelegt sein, dass das Ergebnis ein Maximum ergibt und gleichzeitig rechnerisch nicht widerlegt werden kann. Eine der Möglichkeiten ist es, die Gesamtkosten zu erhöhen und den kleinsten Wert der Abrechnungseinheit einzusetzen.

Die Betriebskostenabrechnung 2015/2016 erklärt die Anwendung der Abrechnungseinheiten A oder B bei der Berechnung der anteiligen Kosten wie folgt:

4.2 Darstellung der Abrechnungseinheiten und Umlegungsgrößen (Auszug):

Abrechnungseinheit	Die Kosten dieser Abrechnungseinheit: Postelwitzer Str. 2	
A		Umlegungsgröße gesamt
	Wohnfläche	7.200,80 qm
Abrechnungseinheit	Die Kosten dieser Abrechnungseinheit: Postelwitzer Str. 2	
B		Umlegungsgröße gesamt
	Wohnfläche	8.106,56 qm

Abrechnungseinheit A: Wohnungsfläche lt. Mietvertrag
B: Wohnhausfläche gesamt

Bravo – jetzt ist klar, welche Abrechnungseinheit in die Berechnung eingeht, natürlich die, die rechnerisch den größten Kostenvorteil für den Vermieter ergibt.

In den jährlichen Betriebskostenabrechnungen wird auf diese grundsätzliche Unterscheidung von A oder B schon lange verzichtet. Die Umlegungsgrößen der beiden Abrechnungseinheiten (bei gleicher Bezeichnung: Wohnfläche) liegen für dieses Wohnhaus weit auseinander. Seit dem Abrechnungszeitraum 2014/2015 wird nicht mehr zwischen den Abrechnungseinheiten unterschieden. Bei der Berechnung der anteiligen Kosten wird nur noch die Abrechnungseinheit A als Umlegungsgröße eingesetzt.

Zielgerichtet und wirkungsvoll greift das Verhältnis der Wohnungsfläche lt. Mietvertrag zur Umlegungsgröße in die Berechnung ein, denn es stellt den Faktor für den Mieteranteil an den Gesamtkosten der Kostenart dar. Diese Methode beeinflusst direkt die Höhe der anteiligen Mieterkosten pro Kostenart.

Diese scheinbar kleine und unbedeutende Veränderung des Rechenansatzes hat aber für den Mieter große Auswirkungen bei der Berechnung seiner anteiligen Kosten pro Kostenart in der jährlichen Betriebskostenabrechnung.

Die folgende Tabelle stellt die Veränderung dar, wie die Abrechnungseinheit B aus der Betriebskostenabrechnung ohne Ankündigung, Information oder Erklärung in den dargestellten Abrechnungszeiträumen stillschweigend und schleichend bei gleichzeitiger Erhöhung der Anzahl der Kostenarten verschwindet.

Abrechnung	Anzahl der Kostenarten	Umrechnungseinheit B
2004/2005	15	15
2005/2006	16	15
2006/2007	15	14
2012/2013	15	13
2014/2015	20	-
2015/2016	25	4*
2017/2018	23	-

*zwei Kostenarten B (Wartung elektrische Türen) nach erfolgreichem Widerspruch gestrichen.

Jeder weiß, je größer der Zähler und je kleiner der Nenner eines Bruches ist, desto größer ist der Wert des Bruches. Für die Abrechnung gilt also: Gesamtkosten erhöhen und die Abrechnungseinheit mit der kleinsten Umlegungsgröße einsetzen. Wenn z. B. die Abrechnungseinheit A 12 % kleiner ist als B, dann erhöhen sich die anteiligen Kosten um den gleichen Prozentsatz pro Kostenart, und das nur durch diese veränderte Rechenoperation.

Nur drei Beispiele für diese versteckte, aber beachtliche Einnahmequelle durch Abschaffung der Abrechnungseinheit B aus der Nebenkostenabrechnung 2016/2017 zeigen folgende Ergebnisse:

Kostenart	Kosten ges. [€]	Kostenanteil [€] mit B	A
Hausreinigung	22554,66	225,56	253,93
Winterdienst	3045,81	30,46	34,29
Hauswart	12217,86	122,19	137,55
alle	131259,38	1394,14	1577,08

Wie und womit wird diese stillschweigende und vorsätzliche Auswechselung der Abrechnungseinheit B durch A bei den Betriebskostenabrechnungen begründet?

Vielfältiger und fragwürdiger sind die Bezeichnungsänderungen der Kostenarten, Erfindungen neuer Kostenarten in den jährlichen Betriebskostenabrechnungen. Es wird auch ernsthaft behauptet, dass die Begriffsveränderungen der Kostenarten keine sachlichen und abrechnungstechnischen Konsequenzen haben, es bleibt bei den bisherigen Abrechnungsinhalten. Warum dann dieses Wechseltheater?

Die folgende Zusammenstellung von Beispielen für die Kosten der Pflege, Wartung oder Vergütung für verschiedene Kostenarten in den dargestellten Abrechnungszeiträumen erschwert den Kostenvergleich erheblich und schließt die Nachvollziehbarkeit förmlich aus:

Kostenarten im Mietvertrag vereinbart	Kostenarten in den Nebenkostenabrechnungen
Kosten der Beleuchtung	Stromversorgung (ab 2014/2015) Wartung Hauslichtanlage (2014/2015) Wartung Notstromanlage (ab 2016/2017)
Wartung Brandschutzeinrichtung	Wartung Löscheinrichtung (ab 2014/2015)
Pflege Außenanlage	Pflege Außenanlage allgm. (2014/2015, 2015/2016) Außenanlage Rasenfläche (ab 2015/2016) Außenanlage Gehölzfläche (ab 2015/2016)
Hauswart	Hauswart/Objektbetreuer (ab 2017/2018)
nicht vereinbart	Wartung elektrische Türen

Die Behauptung, dass verschiedene sachliche Begriffe für inhaltlich gleiche Sachverhalte verwendet werden können, ist falsch und irreführend. Diese Beispiele zeigen eindeutig den Versuch, nicht nachvollziehbare Abrechnungsinhalte zu umlagefähigen Kosten zu qualifizieren und neue Kostenarten salonfähig zu machen. Es ist der bemerkenswerte Versuch, nicht vereinbarte Kostenarten umlagefähig in die Betriebskostenabrechnung einzugliedern.

Interessant und eindrucksvoll ist auch auf jeden Fall die ständige Veränderung der Reihenfolgen der Kostenarten in den einzelnen Abrechnungszeiträumen.

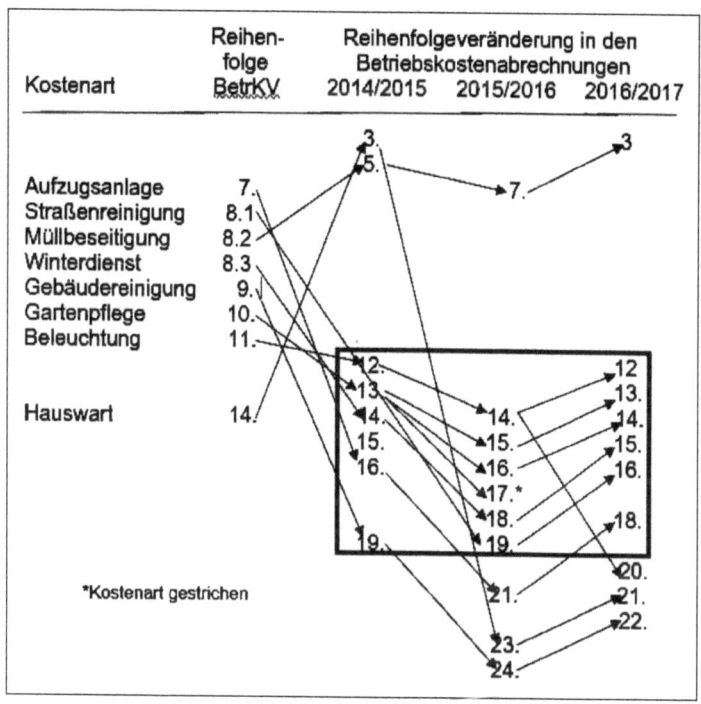

Zur Erhöhung der Übersichtlichkeit ist nur eine Auswahl von Kostenarten grafisch vernetzt. Die in der Darstellung fehlenden Reihenfolgenummern sind alle besetzt.

Wie jeder erkennen kann, ist dieses Netz kein natürliches Spinnennetz und kann deshalb keiner in der Natur vorkommenden Spinnenart zugeschrieben werden. Vergleicht man die abgebildete Netzkonstruktion mit allen Spinnennetzformen, die das Internet zu bieten hat, dann erkennt man die nahe Verwandtschaft mit dem Super-Sozi-Spinnennetz. Die Spielregeln dieses Gesellschaftsspiels sind einfach. In einer stabilen stehenden Rahmenkonstruktion werden feste Stricke so gespannt, dass das geplante Netzwerk entsteht. Jeder Spieleteilnehmer muss versuchen, ohne Berührung der Bespannung durch ein Maschenloch das Netz zu durchsteigen. Jeder Kontakt mit dem Netz bedeutet das Aus für den Teilnehmer.

Die aktuelle Geschäftspraxis bei der Betriebskostenabrechnung bedient sich einiger Elemente dieses Spielemodells. Die vier Rahmenteile symbolisieren oben bzw. unten das Mietrecht bzw. die BetrKV, links bzw. rechts den Mietvertrag bzw. die Betriebskostenabrechnung. Das aktuelle Netz ist geknüpft aus den Verbindungssträngen gleicher Kostenarten in den verschiedenen Abrechnungszeiträumen. Der Netzbetreiber bestimmt die Größe und Form der Maschen durch die Reihenfolge der Kostenarten in den einzelnen Abrechnungen. Pflichtteilnehmer ist der widersprechende bzw. der Beschwerde führende Mieter. Passiert er das Netz erfolgreich, wird sein Anliegen bearbeitet. Löst das Ergebnis der Bearbeitung das Mieteranliegen nicht oder ist er raus, muss er sich entscheiden, entweder für eine Wiederholung oder zur Aufgabe seiner Bemühung.

Die Mieter des Miethochhauses „Wohnen in Geborgenheit" haben ein Durchschnittsalter von über 83 Jahren. Ungefähr ein Drittel von ihnen ist auf eine Gehhilfe angewiesen. Verständlicherweise herrscht Teilnehmermangel bei diesem „Gesellschaftsspiel" aus Alters- und gesundheitlichen Gründen. Diese Zielgruppe kann die körperlichen und mentalen hohen Anforderungen nicht erfüllen.

Praktisch ist dieses Reihenfolge-Wirrwarr mit den Kostenarten die gewollte Vergleichsbremse und wird wirkungsvoll in der Betriebskostenabrechnung eingesetzt. Man kann sich sicher lebhaft vorstellen, wie schwierig und aufwendig der Vergleich der Gesamtkosten und der anteiligen Kosten pro Kostenart zu den Abrechnungsergebnissen der Vorjahre ist. Erschwerend dabei wirken sich auch die Änderungen der Kostenartenbezeichnungen aus.

Diese immer wiederkehrende veränderte Reihenfolgedarstellung in den jährlichen Betriebskostenabrechnungen ist nichts anderes als eine wirksame und beabsichtigte Transparenzbarriere. Sie wird ernsthaft von der Vonovia-Regionalleitung Dresden wie folgt begründet:

- Die Reihenfolge der Kostenarten bei der Abrechnung ist nicht durch die BetrKV bindend vorgeschrieben.

- Mit der Erweiterung der Anzahl der Kostenarten oder ihrer Splittung wollen wir die Transparenz der Abrechnung für unsere Mieter erhöhen und sie nachvollziehbarer gestalten.

Das klingt zu schön, um wahr zu sein. Auch muss keiner glauben, dass die Anzahl der Kostenarten für ein mehrstöckiges Wohnhaus für alle Mieter gleich ist. Hausbewohnern, die mit ihrem Widerspruch gegen eine oder mehrere Kostenarten nach langem Hin und Her erfolgreich waren, wird diese umstrittene Kostenart aus der Nebenkostenabrechnung gestrichen oder die Höhe der anteiligen Kosten korrigiert. Gutschriften auf das Mieterkonto, die das Ergebnis langwieriger schriftlicher und mündlicher Auseinandersetzungen zur fehlerhaften Kostenartenabrechnung sind, werden nur dem Widersprechenden aus „Kulanz und ohne Anerkennung von Rechtspflichten" mit fragwürdigen Entschuldigungen erstattet. Mieter, die der sachlichen und rechnerischen Richtigkeit der Betriebskostenabrechnung vertrauen und auf die soziale Verantwortung des Vermieters bauen, werden getäuscht, über den Tisch gezogen, sie zahlen treudeutsch weiter und weiter.

Drei weitere Regelungen der Betriebskostenverordnung müssen bei der jährlichen Kostenabrechnung eingehalten werden:

- Die Umsatzsteuer Dritter darf nicht angesetzt werden (§ 1, Abs. (1)).
- Kosten, die durch Abnutzung, Alterung und Witterungseinwirkungen usw. entstehen, gehören nicht zu den Betriebskosten (§ 1, Abs. (2), Ziffer 2.).
- Kostenarten, die nicht im Mietvertag aufgeführt und eindeutig bezeichnet sind, sind unzulässig.

Die Vonovia-Betriebskostenabrechnungen sind durch formelle und inhaltliche Fehler gekennzeichnet. Die Bearbeitungsergebnisse von Mieteranliegen zur Betriebskostenabrechnung sind teilweise unvollständig, oberflächlich, widersprüchlich und Entscheidungen unverständlich. Leider weisen sie auch fehlende Achtung und Respektlosigkeit aus.

Die Kostenarten

Die Betriebskostenverordnung (BetrKV) und der aktuelle Mietvertrag legen eindeutig fest, welche Kostenarten in den jährlichen Betriebskostenabrechnungen abgerechnet werden dürfen. Nur die Kosten für diese vereinbarten Kostenpositionen sind auf die Mieter umlagefähig. Da hinsichtlich der Aufzählung sowie Bezeichnungen der Kostenarten beide Dokumente, BetrKV und Mietvertrag, inhaltlich überwiegend übereinstimmen, beschränke ich mich im Folgenden auf meinen Mietvertrag § 4: Betriebskosten. Zurzeit werden monatliche Vorauszahlungen erhoben für: Wasserversorgung, Wartung Kaltwasserdruckerhöhung, Entwässerung, Wärmeversorgung, Aufzugsanlagen, Sach- und Haftpflichtversicherung, Kosten für Spielplätze, Kosten für Winterdienst, Pflege der Außenanlagen, Kosten der Beleuchtung, Wartung Elektroanlagen, Müllkosten, Müllstandplatzkosten, Straßenreinigung, Hausreinigung, Flurreinigung, Wartung Brandschutzeinrichtungen, Prüfung Blitzschutzanlagen, Wartung Lüftungsanlagen, Hauswart, Grundsteuer. Zu den sonstigen Betriebskosten gehören insbesondere: Dachrinnenreinigung, Wartung Blitzschutzanlage, Prüfung Blitzschutzanlage, Wartung Lüftungsanlage, Wartung Elektroanlagen, Kosten für Concierge und turnusmäßige Sperrmüllberäumung.

Seit Vonovia die Betriebskostenabrechnung erstellt, tauchen gegenüber der Vorjahresabrechnung veränderte Kostenartenbezeichnungen und neue Kostenartenpositionen ohne Ankündigungen und Begründungen auf, zum Beispiel:

- 2014/2015: Entwässerung befestigte Flächen, Stromversorgung, Pflege Außenanlage allgemein, Wartung Löscheinrichtung, Wartung Hauslichtanlage, Schädlingsbekämpfung
- 2015/2016: Wartung elektrische Türen (2x), Trinkwasseruntersuchung, Stromversorgung, Außenanlage Rasenfläche,

Außenanlage Gehölzfläche, Außenanlage allgemein, private Straßenreinigung
- 2016/2017: Wartung Notstromanlage, Wartung Blitzschutzanlage
- 2017/2018: Hauswart/Objektbetreuer

In der Anlage 1 zu den Allgemeinen Vertragsbestimmungen, Nr. 2 Betriebskosten, Ziffer (2) zum Mietvertrag heißt es:
Soweit neue Betriebskostenarten anfallen, erfolgen auch hierfür entsprechend § 560 BGB Umlage und Vorauszahlung, auch wenn diese bei Abschluss des Mietvertrages nicht genannt sind. Das Wohnungsunternehmen wird dem Mieter die neuen Betriebskosten nach Bekanntwerden mitteilen.

Diese mietvertragliche Vereinbarung wurde vom Verwaltungsbevollmächtigten nicht eingehalten. Neue Kostenarten wurden sofort in die Betriebskostenabrechnung eingestellt.

Hauswart

Unumstritten ist:

1. Seit dem Abrechnungszeitraum 2015/2016 gibt es für dieses Mietobjekt keinen Hauswart/Hausmeister.
2. Da der Hauswart abgeschafft wurde, stellen die abgerechneten und auf die Miete umgelegten Kosten keine Vergütung des Hauswartes gemäß BetrKV §2, Ziffer 14 dar.
3. Die Kosten für den Hauswart erhöhen sich im Abrechnungszeitraum 2015/2016 gegenüber dem Vorjahr auf das Vierfache. Damit steht die Kostenart an zweiter Stelle in der Nebenkostenabrechnung hinsichtlich des Kostenvolumens und an erster Stelle in der Kostensteigerungsrate.
4. Die Kosten für den Hauswart sind ausschließlich Kontrollkosten zur Feststellung von Mängeln.
5. Um die massiven und deutlichen Kritiken zur Hauswartkostenabrechnung ohne Hauswart abzuschmettern und die Kostenart BetrKV tauglich zu machen, wurde sie ab 2017/2018 in Hauswart/Objektbetreuer umbenannt.
6. Diese neue Kostenart Hauswart/Objektbetreuer ist weder im Mietvertrag noch in der Betriebskostenverordnung bezeichnet und vereinbart – sie ist unzulässig!

Die Entwicklung vom angestellten Hausmeister bis zur Aufstockung der neuen Zwei-Personen-Kostenart Hauswart/Objektbetreuer ist einmalig, aber auch charakteristisch. Dieser über Jahre dauernde Prozess der Auseinandersetzung wurde begleitet von Schrift- und Wortgefechten, von Argumenten und Gegenargumenten, die ihren Ausdruck fanden in Entschuldigungen, in nicht nachvollziehbaren Entscheidungen, in widersprüchlichen und ausgebliebenen Antworten auf Fragen und Problemstellungen und in Unwahrheiten.

Es begann mit der Betriebskostenabrechnung 2015/2016. Die allgemeine horrende Kostensteigerung sprang einem schmerzhaft in das Bewusstsein. Bei der Erstellung der Kostenabrechnung müssen sich fachliche Kompetenz und rechentechnische Anwendung ständig gegenseitig behindert haben. Die eine Seite strebt nach maximaler Kostenerfassung, die andere Seite erfüllt diesen Wunsch nur bei entsprechenden Datenvorgaben. Sind die Basisdaten falsch, werden sie durch die EDV-Rechenprozesse für die Mieter zu einer nicht gerechtfertigten finanziellen Belastung. Die folgende Zusammenstellung der Hauswartkostenentwicklung spricht eine deutliche Sprache.

mit	ohne Hausmeister/Hauswart		
2014/2015	2015/2016	2016/2017	2017/2018
5.184,60 €	20.157,67 €	13.754,70 €	14.653,91 €

Ist diese Kostensteigerung im Abrechnungszeitraum 2015/2016 ohne Hauswart normal und erfüllt sie die Wahrung des Grundsatzes der Wirtschaftlichkeit?

Auf meine deutlichen Kritiken an der Art und Weise der Abrechnung dieser Kostenart, der praktizierten Kostenumlage, an der explosionsartigen Kostensteigerung sowie an der für die Mieter nachteiligen Auslegungen der Betriebskostenverordnung erhielt ich folgende Antworten:

07.12.2017:
Es ist unser Bestreben, die Wohnqualität unserer Kunden vor Ort mit dem Einsatz von Hausmeisterleistungen zu steigern. Weiter heißt es: *Es werden hier nur Kosten berücksichtigt, die für jene Arbeiten anfallen, die den bestimmungsmäßigen Gebrauch (…) gewährleisten.*

Falsch: 20.157,67 € Vorverteilung – davon wurden nur 9986,65 € nachgewiesen!

05.02.2018:
Die Umlage der benannten Kosten erfolgte auf der Grundlage der Verordnung über die Aufstellung von Betriebskosten (Betriebskostenverordnung – BetrKV). Und weiter: *Zur Steigerung der Kosten für den Hauswart möchten wir Ihnen mitteilen, dass bis zum 31.12.2015 die Hauswartleistungen über einen Pauschalvertrag abgerechnet wurden. Ab dem 01.01.2016 erfolgt die Abrechnung der Hausmeisterleistungen auf der Grundlage der durch den Objektbetreuer durchgeführten und erfassten Tätigkeiten (…).* Beigefügt wurden Rechnungslegungen über die umlegbaren Hausmeisterleistungen sowie die Tätigkeitsnachweise.

Falsch: Der Objektbetreuer hat die Hausmeisterleistungen/-kontrollen nicht erfasst und nicht in einer Liste zusammengestellt.

23.04.2018:
Die Erbringung der Hausmeisterleistungen erfolgt durch die Firma Immo Service Dresden GmbH. Die täglich notwendigen Leistungen des beauftragten Hauswartes wurden mit einem Beitrag von 26,35 € pro Leistung fakturiert. Die Kalkulation erfolgte ebenfalls durch die Firma Immo Service Dresden GmbH. In den Kosten enthalten sind unter anderem die Vergütung und die Sozialleistungen, die der Firma Immo Service Dresden GmbH für den Personaleinsatz entstanden sind. Weiter heißt es: *(…) wir bestätigen Ihnen gern, dass es sich bei diesen abgerechneten Leistungen ausschließlich um umlagefähige Hausmeisterleistungen handelt.*

Falsch: Der Kostensatz von 26,35 € pro Kontrolle wurde nicht durch die Firma Immo Service Dresden GmbH kalkuliert und festgelegt.

25.05.2018:
Gern haben wir Ihr Anliegen zu den Hauswartkosten mit unseren Schreiben vom 05.02.2018 und vom 23.04.2018 beantwortet. (…). Daher bieten wir Ihnen an, einen Betrag von 150,00 € aus der Betriebskostenabrechnung 2015/2016 zu erlassen.

Falsch: Damit sind die Anliegen zu den Hauswartkosten nicht beantwortet. Denkwürdig: Das Angebot sollte den nicht nachgewiesenen Differenzbetrag der Gesamtkosten (20157 € Vorverteilung) zu den nachgewiesenen Kosten von 9986,65 € aus der Welt schaffen.

04.06.2018 (persönliches Gespräch):
Die Tätigkeitsliste für den Hausmeister wurde von mir nicht erfasst und festgelegt, wie behauptet wird. Zu den abgerechneten inhaltlich doppelten bzw. ähnlichen oder objektiv nicht möglichen Tätigkeiten habe ich keine Erklärung.

Widerspruch zur schriftlichen Antwort vom 05.02.2018.

12.10.2018:
Die im Mietvertrag bestehende Vereinbarung hinsichtlich der Ausführung der Hausmeisterleistungen bezieht sich auf die Konstellation Hauswart/ Objektbetreuer, der neben seinen Überprüfungstätigkeiten auch Leistungen wie z. B. Hausreinigung oder Gartenpflege erbringt.

Falsch: Im Mietvertrag sowie seinen Anlagen gibt es keine Vereinbarung zur Konstellation der Kostenart Hauswart/Objektbetreuer. Auch in der Betriebskostenverordnung sucht man vergebens nach dieser Kostenart.

16.10.2018 (persönliches Gespräch mit der Regionalleitung):
Die Hausmeisterleistungen wurden von Vonovia in einem Standardkontrollplan für alle Mietobjekte festgelegt. Der Zeitpunkt der Kontrollen und ihre Häufigkeit werden einheitlich von Vonovia bestimmt.

Die Fakturierung von 26,35 € pro Kontrolle wurde durch Vonovia kalkuliert und festgelegt. Die Kostensteigerung auf fast 400% war die Folge der Umstellung der Pauschalvergütung auf eine leistungsbezogene Vergütung. Die Formulierung leistungsbezogene Vergütung des Hauswartes ist falsch, es muss richtig heißen: Umstellung auf eine sachbezogene Abrechnung.

Interessant: Der Hauswart wurde wegrationalisiert. Die bisherige Pauschalvergütung wurde durch eine sachbezogene Abrechnung auf der Grundlage eines einheitlichen Vonovia-Standardkontrollplanes ersetzt.

Ergebnis: Die Kosten für den Hauswart ergeben sich ausschließlich aus der Anzahl aller Kontrollen im Abrechnungszeitraum multipliziert mit dem Kontrollkostensatz. Einheitliche Kontrollen für alle Mietobjekte multipliziert mit einem pauschalen Kostensatz für alle Kontrolltätigkeiten: pauschaler geht die leistungsbezogene Abrechnung nicht!

14.03.2019 (persönliches Gespräch mit der Regionalleitung):
Meine Kritik ist, dass die Kontrolltätigkeit des Hauswartes erhebliche Kosten verursacht und in der berechneten Höhe nicht nachvollziehbar ist. Der Hinweis, dass die beigefügten Belege keine Nachweise für die in Rechnung gestellten Hausmeisterleistungen sind, blieb unbeantwortet.

Enttäuschend: Die Zusage, dass alle offenen Fragen und Probleme innerhalb von vier Wochen schriftlich beantwortet würden, wurde nicht eingehalten.

15.08.2019:
Vielen Dank für Ihre Hinweise zum Leistungsnachweis des Objektbetreuers. Wir haben dieses einer intensiven Prüfung unterzogen und haben Korrekturbedarf festgestellt. Zwischenzeitlich ist bereits eine Überarbeitung erfolgt.

Falsch: Bisher gab es keinen Leistungsnachweis für den Objektbetreuer, nicht einmal einen Leistungsvertrag für den Hauswart, deshalb gab es keine Hinweise von mir zum o. g. Leistungsnachweis des Objektbetreuers.

10.10.2019:
Die Beantwortung Ihres Schreibens an den Vorstandsvorsitzenden vom 09.09.2019 nimmt noch Zeit in Anspruch. Wir bitten diesbezüglich um Geduld.

07.02.2020: Alle Einlassungen und Antworten zum Thema Hauswart sind unklar, irreführend, schwammig und irrelevant, zum Beispiel:

- *Wir haben Ihnen bereits mitgeteilt, dass es einen Hauswart/Objektbetreuer gibt.*

Falsch: Personell gibt es nur einen Objektbetreuer entsprechend Informationsaushang im Eingangsbereich des Wohnhochhauses. Die Kostenart lautete bisher Hauswart, neuerdings Hauswart/Objektbetreuer. Diese Kostenart ist unzulässig, da sie weder im Mietvertrag vereinbart noch in der Betriebskostenverordnung aufgeführt ist.

- Hausmeisterkontrolle pro festgelegtem Rhythmus wird als Leistung deklariert. Jede Kontrolle kostet 26,35 €. *Die Kontrollen werden je nach Position entweder im Rhythmus wöchentlich oder monatlich durchgeführt.*

Falsch: Es gibt wesentlich mehr Kontrollpositionen, die weder im wöchentlichen noch im monatlichen Rhythmus durchgeführt werden (Anlage 3).

- *Das Leistungsverzeichnis wird objektbezogen angepasst.*

Feststellung: Der Standardkontrollplan wird inhaltlich fehlerbezogen korrigiert bzw. gewinnbringender erweitert.

- *Wenn neue Positionen dazukommen, dann wird das Leistungsverzeichnis erweitert. Hierbei kommt es auf die Auflagen an.*

Frage: Ist das wirklich die Erklärung für die sich ständig verändernde Anzahl der Kontrollen pro Abrechnungszeitraum oder für die Erweiterung des Standardkontrollplans aufgrund von Auflagen? Gemäß Mietvertrag, Anlage 1, Nr.2 (2): (...) sind sofort nach Bekanntwerden neue Betriebskosten dem Mieter mitzuteilen.

Die Kosten für den Hauswart generieren sich ausschließlich aus der Anzahl der durchgeführten Hausmeisterkontrollen und des Kontrollkostensatzes. Die Gesamtkosten stellen sich als mathematische Größe dar und beinhalten nicht die Vergütung lt. Arbeitsvertrag, die Sozialbeiträge sowie die geldwerten Leistungen des Hauswartes. Die unterschiedlichsten Kontrolltätigkeiten des Hauswartes werden mit dem einheitlichen Kostensatz 26,35 €/ Kontrolle ohne arbeitszeitlichen Bezug und durch den festgelegten Kontrollrhythmus (Anlage 3) bewertet.

Abrechnungs-zeitraum	Gesamtkosten lt. Rechnungen (Vorverteilung)	Gesamtkosten geteilt durch den Kostensatz = Anzahl der Kontrollen
2015/2016	20157,18 €	764,978*
2016/2017	13754,70 €	522
2017/2018	14653,91 €	556,126**

Lt. Nachweis wurden nur *379 bzw.**540 Kontrollen durchgeführt.

Die Tageshöchsteinnahmen ergeben sich aus der Anzahl der Tageskontrollen multipliziert mit dem Kostensatz. In der folgenden Zusammenstellung werden für die o. g. Abrechnungszeiträume die Tageshöchsteinnahmen dargestellt.

21.01.16	04.02.16	07.07.16	10.11.16	03.01.17	05.07.17	02.01.18
579,70 €	579,70 €	553,35 €	553,35 €	579,70 €	553,35 €	553,35 €

Da der Standardkontrollplan auch für die beiden weiteren Vonovia-Hochhäuser gleichen Typs direkt neben unserem angewendet wird, vom selben Kontrollbeauftragten die gleichen Kontrollen durchgeführt werden, erhöhen sich die Tageseinnahmen proportional zur Anzahl aller Kontrollen. In diesem Fall sprechen wir von einer Vervielfachung der Kontrolleinnahme. Da der Kontrollbeauftragte keinen Cent für die durchgeführten Kontrollen erhält, stellt sich die Frage:

Wer ist Nutznießer dieser außergewöhnlich hohen Geldeinnahmen?

Im Abrechnungszeitraum 2017/2018 gab es 247 Werktage und 60 Kontrolltage, das bedeutet, dass durchschnittlich an jedem vierten Werktag mehrere Hauswartkontrollen durchgeführt wurden. Diese Kontrolldichte lässt keinen mehrwöchigen Urlaub zu. Der Kontrollbeauftragte für unser Mietobjekt war aber im Jahresurlaub, also sind der Leistungsnachweis und damit auch die Rechnungslegung fehlerhaft.

Besteht man auf Belegeinsicht in dieser Kostenart, so erhält man Rechnungen und den detaillierten Tätigkeitsnachweis für den jeweiligen Abrechnungszeitraum. Zum Nachweis der umlegbaren Hausmeisterleistungen für 2017/2018 wurden 18 Rechnungen und der dazugehörige 15-seitige Tätigkeitsnachweis vorgelegt.

VONOVIA

Vonovia Immobilienservice GmbH | Lothstraße 24 | 80335 München

SÜDOST WOBA DRESDEN GmbH
Universitätsstr. 133
44803 BOCHUM

Vonovia Immobilienservice GmbH

Service-Nummer:	0234 414700-000
Fax-Nummer:	0234 314888-4414
E-Mail:	service@vonovia.de
Umsatzsteuer-ID-Nr.	DE280247935
Servicezeiten:	
mo. - fr.	07:00 - 20:00 Uhr
sa.	08:00 - 16:00 Uhr

31.07.2018
Rechnung 0166/3051070982/2018

Rechnung über umlegbare Hausmeisterdienstleistungen gemäß
Leistungsverzeichnis für den Zeitraum 01.07.2018 - 31.07.2018

Wirtschaftseinheit: 0471/204150

Abrechnungseinheit: 0471/204150/5310/20000
Dresden, Postelwitzer Str. 2

TÄTIGKEIT		Preis	USt*	Gesamt
49 x	Hausmeisterleistungen allgemein gemäß Leistungsverzeichnis	1.319,57		1.319,57
SUMME		**1.319,57**	**0,00**	**1.319,57**

*) Die Vonovia Immobilienservice GmbH ist eine eigenständige Tochtergesellschaft der Vonovia SE. Daher können wir unseren Kunden unsere Dienstleistungen ohne Berücksichtigung einer Umsatzsteuer in Rechnung stellen.

Zahlungsbedingungen: Sofort zahlbar ohne Abzug bis zum 15.08.2018
auf folgendes Konto:

Kontoinhaber:	Vonovia Immobilienservice GmbH
Kreditinstitut:	Commerzbank
IBAN:	DE51 4304 0036 0220 1168 00
BIC:	COBADEFFXXX
Verwendungszweck:	0166/3051070982/2018

Vonovia
Immobilienservice GmbH
Lothstraße 24
80335 München

Sitz der Gesellschaft:
München
HRB 194463
Amtsgericht München

Geschäftsführung:
Ulrich Schiller, Arnd Fittkau,
Mario Stamerra, Sebastian Jung,
Frederic Neumann, Martina Pansa

Commerzbank
DE51 4304 0036 0220 1168 00
COBADEFFXXX

www.vonovia.de

Seite 1 von 1

Schauen wir uns diese Rechnung mal genauer an.

Die angegebenen 49 sollen wohl die durchgeführten Kontrollen sein?
- Ein Produkt aus einer natürlichen Zahl und einer Textbezeichnung ergibt kein numerisches Rechenergebnis. In der Rechnung ist nicht einmal die Währung angegeben!
- Der Gesamtpreis und die SUMME sind nicht kontrollierbar.
- Der Rechnungstext „Hausmeisterleistung allgemein gemäß Leistungsverzeichnis" ist zu allgemein und nicht nachvollziehbar.
- 49 Kontrollen x Kostensatz (26,35 €/Kontrolle) ist gleich 1.291,15 € und nicht 1.319,57.
- Die Rechnungssumme ist nicht korrekt und damit nicht umlagefähig.
- Die Rechnung ist aus den genannten Gründen formell und inhaltlich fehlerhaft – sie ist ungültig!

Der detaillierte Tätigkeitsnachweis für den Zeitraum 01.10.2017 bis 30.09.2018 als Nachweis für die Richtigkeit aller Rechnungen Hausmeisterdienstleistungen ist genauso spannend wie die Rechnungen selbst und hat folgende Listenform:

VONOVIA

Vonovia Immobilienservice GmbH | Lothstraße 24 | 80335 München

SÜDOST WOBA DRESDEN GmbH
Universitätsstr. 133
44803 BOCHUM

Vonovia Immobilienservice GmbH

Service-Nummer:
Fax-Nummer:
Email: service@vonovia.de

Umsatzsteuer-ID-Nr.: DE280247935

Servicezeiten:
mo. - fr. 07:00 - 20:00 Uhr
sa. 08:00 - 16:00 Uhr

26.07.2019
Detaillierter Tätigkeitsnachweis über die Erbringung umlegbarer Hausmeisterleistungen - Abrechnungszeitraum 01.01.2017 - 31.12.2018

Sehr geehrte Damen und Herren,

gerne stellen wir Ihnen zu Ihrer weiteren Verwendung den detaillierten Tätigkeitsnachweis über die Erbringung von umlegbaren Hausmeisterleistungen zum Stand 26.07.2019

für den Zeitraum 01.10.2017 - 30.09.2018
Wirtschaftseinheit: 0471/204150

zur Verfügung.

Erbrachte Leistungen für die Wirtschafteinheit: 0471/204150

Abrechnungseinheit: 0471/204150/5310/20000
Dresden, Postelwitzer Str. 2

Tätigkeit		Datum
Außenanlagen		
1.1	Gewährleistung der ordnungsgemäßen Beleuchtung im Außenbereich	09.10.2017
		23.10.2017
		09.11.2017
		23.11.2017
		04.12.2017
		22.12.2017
		02.01.2018
		15.01.2018
		29.01.2018
		12.02.2018

Vonovia
Immobilienservice GmbH
Lothstraße 24
80335 München

Sitz der Gesellschaft
München
HRB 194463
Amtsgericht München

Geschäftsführung
Ulrich Schiller, Arnd Fittkau,
Mario Stamerra, Sebastian Jung,
Frederic Neumann, Martina Pansa

Commerzbank
DE51 4304 0036 0220 1168 00
COBADEFFXXX

www.vonovia.de

Bei 24 unterschiedlichen von 540 durchgeführten Kontrollen folgen in dieser Form noch 516 Leerzeilen, geordnet nach Tätigkeitsnummer und Datum auf 15 DIN A4 Seiten.

- Jetzt muss sich jeder entsprechend der Rechnung die Kontrollen aus dem Tätigkeitsnachweis raussuchen, die für den jeweiligen monatlichen Abrechnungszeitraum relevant sind und zu einer der achtzehn Rechnungen passt.
- Das Leistungsverzeichnis, auch in der überarbeiteten Form (Stand 26.07.2019), ist nur ein Tätigkeitsverzeichnis, denn es fehlt der Bezug zur Arbeitszeit. Ganz allgemein gilt auch im Arbeitsrecht: Leistung = Arbeit pro Zeiteinheit.
- Da bei keiner/-m Leistungsabrechnung/-nachweis die Arbeitszeit ins Verhältnis zur Arbeit gesetzt wurde, folgt daraus: Hausmeisterleistung = Arbeit = Kontrolltätigkeit

Die bisherige Gleichsetzung von Leistung und Arbeit wurde nun endlich mit dem Schreiben vom 07.02.2020 korrigiert: *Die Kontrollen erfolgen in einem festgelegten Rhythmus und werden nur dann berechnet, wenn diese auch durchgeführt wurden. (…) je nach Position ist der Rhythmus entweder wöchentlich oder monatlich.*

Diese Definition lässt zwei Berechnungsmöglichkeiten der Hausmeisterleistung zu:
1. Hausmeisterleistung = Kontrollrhythmus (1)
2. Hausmeisterleistung = Anzahl der Kontrollen entsprechend Kontrollrhythmus (2)

In allen Rechnungen Hausmeisterdienstleistungen sind nicht die beiden (1) und (2) deklarierten Ansätze angewendet worden, sondern: Hausmeisterkosten = Anzahl der Kontrollen x Hausmeisterleistung (3)

Dieser Rechenansatz (3) ist formal falsch und führt auch zu keinem brauchbaren Ergebnis. Um die Hausmeisterkosten auf den Rechnungen nachvollziehbar darzustellen, wurde folgende Rechenmethode angewendet: Hausmeisterkosten = Anzahl der Kontrollen x Kostensatz! (4)

Da der Kostensatz von 26,35 €/Kontrolle einheitlich, also pauschal für alle unterschiedlichen Hausmeistertätigkeiten, unabhängig vom Kontrollrhythmus, abgerechnet wird, sind auch die Kosten pauschale Kosten und stellen keine leistungsbezogene Vergütung des Hauswartes oder des Kontrollbeauftragten dar, sondern ist eine pauschale sachbezogene Abrechnung.

Die Leistung wurde in der Rechnung 0166/3051010756/2018 vom 31.01.2018 nach (3) formuliert, aber trickreich nach Formel (4) berechnet:

Rechnungssumme = 52 x Hausmeisterleistung = 1.370,20?

Anmerkung: laut detailliertem Tätigkeitsnachweis vom 26.07.2019 sind für den genannten Leistungszeitraum nur 51 statt der berechneten 52 Kontrollen durchgeführt worden. Die Rechnung ist falsch. Richtig müsste es heißen:

Rechnungssumme = Anzahl der Kontrollen x Kostensatz
Rechnungssumme = 51 Kontr. x 26,35 €/Kontr. = 1343,85 €!

In allen Rechnungen wird auf das Leistungsverzeichnis hingewiesen. Das Leistungsverzeichnis ist nur der Listenausdruck des Tätigkeitsnachweises über alle durchgeführten Kontrollen des Hausmeisters im jährlichen Abrechnungszeitraum. Er hat seinen Ursprung im Vonovia-Standardkontrollplan, der für die Mietobjekte einheitlich angewendet wird.

Der Standardkontrollplan (Quelle: Detaillierter Tätigkeitsnachweis) schreibt folgende Kontrolltätigkeiten vor:

1.1 Gewährleistung der ordnungsgemäßen Beleuchtung im Außenbereich
1.2 Kontrolle ggf. Reinigung der Schmutzfangsiebe und Einlaufrinnen an Einläufen
1.3 Kontrolle des Zustandes der Außenanlagen, insbesondere der Wege etc.

1.6 Müll- und Papierkörbe überprüfen und bei Bedarf entleeren, Unkraut entfernen
1.8 Sichtkontrolle der von außen zugänglichen Lichtschächte; Reinigung bei Bedarf
1.9 Kontrolle der Gehwegplatten und anderer Gefahrenstellen
1.10 Kontrolle ggf. Reinigung Fußabtritte z. B. an Außentüren, Kellertreppen [1]
2.3 Kontrolle und ggf. Sauberhaltung der Müllplätze und –stände
3.0 Kontrolle der Türen und Schlösser des Gebäudes
5.1 Kontrolle der Frischwasserversorgungsleitungen
5.2 Kontrolle der Abwasserleitungen
5.3 Kontrolle der Druck- und Hebeanlagen
5.5 Kontrolle der Wasserfilter
5.7 Absperren von frostgefährdeten Wasserleitungen [2]
5.8 Regelmäßige Kontrolle der Entwässerungseinrichtungen auf Funktionssicherheit
6.1 Kontrolle der Nass- und Trockenleitungen, der Pumpen
6.2 Kontrolle der Lüftungsanlagen [1]
6.3 Kontrolle der Rauchüberwachungsanlagen
6.4 Kontrolle der Brandmeldeanlagen [1]
6.5 Kontrolle der Feuerlöscher, Brandschutztrockenleitungen
7.0 Kontrolle der Beleuchtung
7.1 Kontrolle der Schaltschränke/Sicherungskästen
7.2 Kontrolle der Schalter und Steckdosen in Allgemeinräumen
7.3 Kontrolle der Einhaltung der Hausordnung
7.4 Kontrolle der Sauberkeit von Allgemeinräumen und Treppenhäuser
7.9 Überprüfung der Keller- und Dachfenster in der Frostperiode
8.1 Überprüfung des Fahrkorbes auf Beschädigung, Be-/Verschmutzung etc. [2]

Als Ergebnis der Überarbeitung des „Leistungsnachweises" gegenüber 2016/2017 wurde [1] ohne Begründung gestrichen und [2] ohne Erklärung ergänzt. Außer der Tätigkeit Nr. 5.7, Absperren von frostgefährdeten Wasserleitungen, dienen alle Kontrollen/Überprüfungen der Mängelfeststellung.

Das Urteil (AG Suhl, vom 27.05.2003, 5 C 1120/02, WuM 2003, 452) erklärt: Kontrollen zur Feststellung von Mängeln sind nicht umlagefähig.

Einen Versuch ist es wert, die Ursachen/Begründungen für die gestrichenen und ergänzten Kontrollen selber herauszufinden.
- Nr. 1.10: Es gibt keine Fußabtritte.
- Nr. 6.2: Die Kontrolle der Lüftungsanlage wird in der Kostenart Wartung Lüftungsanlage abgedeckt. (Doppelabrechnung)
- Nr. 6.4: Die Kontrolle der Brandmeldeanlagen wird schon in der Kostenart Wartung Löscheinrichtung erledigt. (Doppelabrechnung)
- Nr. 5.7: Diese neue Kontrolle zum Schutz vor Frostschäden ist im April eine Lachnummer.
- Nr. 8.1: Die Aufzugsanlage wurde Mitte August 2018 nach dem Neueinbau wieder in Betrieb genommen. Die Hausmeisterkontrollen Nr. 8.1 sind während der Bauphase nicht nur sachlich unlogisch, sie stellen neben der Kostenart Kosten Aufzugsanlage eine Doppelabrechnung dar.

Bilanz der Überarbeitung 2019 des „Leistungsverzeichnisses Objektbetreuers":

Nr.	2015/2016	2016/2017	2017/2018
1.10	237,15 €	316,20 €	***
6.2	26,35 €	***	***
6.4	52,70 €	***	***
5.7	---	---	26,35 €
8.1	---	---	685,10 €
Summe	316,20 €	316,20 €	711,45 €

*** storniert, --- nicht vorgesehen

Fazit: Ausgefallene Einnahmen müssen irgendwie ausgeglichen werden. Für 2016/2017 ist das durch Erhöhung der Kontrolldurchgänge zu 100% gelungen. Im Abrechnungszeitraum 2017/2018 allerdings wurde gewinnbringender zugeschlagen, die Umlageeinnahmen haben sich sogar fast verdoppelt!

Eine weitere Betrachtung generiert eine neue Fragestellung zu den umlagefähigen Kosten für den Hauswart. Am 03.01.2017 wurden 22 Einzelkontrollen mit den Tätigkeitsinhalten Nr.: 1.1, 1.3, 1.6, 1.8, 1.9, 1.10, 2.3, 3.0, 5.1, 5.2, 5.3, 5.5, 5.8, 6.1, 6.3, 6.5, 7.0, 7.1, 7.2, 7.3, 7.4 und 7.9 durchgeführt. Um mit diesen Einzelkontrollen umlagefähige Kosten abrechnen zu können, muss das Wohnhochhaus mit seinen 16 Stockwerken und einer Kelleretage mindestens neunmal nacheinander durchgangen werden. Da aber viele Einzelkontrollen eine übereinstimmende Gemeinsamkeit besitzen, nämlich den persönlichen Durchgang aller Etagen des Wohnhochhauses, bietet es sich förmlich an, dass diese Einzelkontrollen als eine Komplexkontrolle in einem Kontrolldurchgang durchgeführt werden. Die Einhaltung des Prinzips der Wirtschaftlichkeit kann nur gewährleistet werden, wenn die Kontrolltätigkeit des Hauswarts und der Kontrollkostensatz den realen Bedingungen angepasst werden und die Abrechnung nachvollziehbar nachgewiesen wird. In der gegenwärtigen Praxis werden die gewinnbringenden Einzelkontrollen durchgeführt und als solche abgerechnet. Der Kostenunterschied zwischen den durchgeführten Einzelkontrollen und der effektiveren und wöchentlichen Komplexkontrolle spricht Bände (Abrechnung 2017/2018):

Die Tätigkeiten Nr.3.0, 6.3, 6.5, 7.0, 7.1, 7.2, 7.3, 7.4, 7.9 wurden als Einzelkontrollen 228-mal mit einem Kostenvolumen von 6007,80 € durchgeführt!

Auf die Fragen zu den Hausmeisterkosten wiederholt auch der Vonovia-Pressesprecher Ostdeutschland im Januar 2020: *In beiden Abrechnungsjahren (2016/17 und 2017/18) haben wir die korrekten, nachgewiesenen Kosten abgerechnet. Die Position Fußabtritte im Bereich von Außentüren und Kelleraußentreppen war in der Tat nicht korrekt und wir korrigieren diese. Die Korrektur wird in der nächsten*

Abrechnung gegengerechnet. Alle Mieter, für die dies gilt, erhalten ein gesondertes Anschreiben. Weiter heißt es zur Sicherung der Wasserleitungen und Wasseruhren vor Frostschäden: *Die Position wurde versehentlich als erledigt markiert und folglich abgerechnet. Selbstverständlich korrigieren wir auch diese Position und schreiben die abgerechneten Kosten mit der nächsten Abrechnung gut. Alle Mieter, für die dies gilt, erhalten hierzu noch eine Information von uns.*

Wie ist das möglich, dass man sich im Minutentakt öffentlich so deutlich widerspricht? Eine wirklich spannende Frage sind die Abrechnungspraxis, die Rechnungslegung sowie ihre Nachweisführung ohne Hausmeisterarbeitsvertrag mit einem einheitlichen Kontrollkostensatz für alle unterschiedlichen Kontrolltätigkeiten auf der Grundlage des Vonovia-Standardkontrollplanes. Der Knaller ist, der Hauswart wurde abgeschafft. Die Kosten für den Nichthauswart sind imaginär, trotzdem als korrekt dargestellt und für umlagefähig erklärt. Neuerdings wird eine Zweipersonenkostenart Hauswart/Objektbetreuer eingeführt, die das Problem des nicht vorhandenen Hauswarts überzeugend lösen soll. Tatsache ist, einen Hauswart gibt es nicht, also kann es keine Vergütung des Hauswarts geben.

Der Kostenumfang in dieser Kostenart ergibt sich aus dem Produkt der Anzahl der nachgewiesenen Kontrollen und dem Kontrollkostensatz. Dabei werden die Kontrolltage und die Häufigkeit der Kontrollen zentral vorgegeben. Die Kontrollinhalte sind im Vonovia-Standardkontrollplan festgelegt. Der pauschale Kostensatz von 26,35 €/Kontrolle hat keinen Bezug zur Arbeitszeit und gilt für alle unterschiedlichen Kontrolltätigkeiten. Damit ist diese Kostenart zur wirksamsten Stellschraube einer stetigen Kostenveränderung in der jährlichen Betriebskostenabrechnung geworden.

Abrechnungszeitraum	2015/2016	2016/2017	2017/2018
Hausmeisterkontrollen	379	522	540

Ein Beispiel aus der Abrechnung 2017/2018 für diese Kostenart:

Vorverteilung lt. Rechnungen	14653,91 €
Anzahl der Kontrollen	540
Kosten (Anz. Kontrollen x 26,35 €)	14229,00 €

Summe Vorverteilung lt. Rechnungen ist größer als der Kostennachweis, daraus folgt: Die errechneten mieteranteiligen Kosten sind nicht nachvollziehbar!

Die Vonovia-Erläuterungen einzelner Hausmeistertätigkeiten vom 15.08.2019 schaffen nun endlich Klarheit über den Inhalt der Kontrolltätigkeit. Gesamtkosten von 2015/2016 – 2017/2018, hier einige Beispiele:

1.1	Gewährleistung der ordnungsgemäßen Beleuchtung im Außenbereich	Sicht- und Funktionskontrolle auf Unversehrtheit einer Straßenlaterne und Meldung bei Defekt

Kommentar:
- Gewährleistung ist keine Kontrolle in irgendeiner Form.
- Die Funktionskontrolle ist nur sinnvoll, wenn sie außerhalb des Betriebes (Tageszeit) durchgeführt wird.
- Da es sich um eine ganz normale Straßenlaterne im Verbund mit der öffentlichen Straßenbeleuchtung handelt, scheint mir, diese Funktionskontrolle ist in der erläuterten Form nicht durchführbar.
- Die Sichtkontrolle auf Unversehrtheit einer Betonsäule (Durchmesser etwa 0,22 m) und des Lampenkopfes (Höhe etwa 7,0 m) ist gefährlich und kann schmerzhaft enden, es sei denn, man hat eine funktionierende Laternen-App auf dem Handy.
- Bisherige Gesamtkosten: 1897,20 €

1.8	Sichtkontrolle von außen zugänglichen Lichtschächten, Reinigung bei Bedarf	Gemäß Leistungsverzeichnis ist die Position mit zwei Durchgängen pro Jahr vorgemerkt. Dieses Jahr ist noch keine Reinigung bzw. Abrechnung erfolgt. Die Entscheidung zur Reinigung liegt beim Objektbetreuer.

Kommentar:
- Das ist die unklarste und unverständlichste Erläuterung der Kontrolltätigkeit Nr.1.8, sie wirft mehr Fragen auf, als sie erklärt.
- In den jährlichen Abrechnungen wurden diese Kontrollen regelmäßig durchgeführt und abgerechnet. Seit 2003 wurde noch nie eine Reinigung angewiesen.
- Bisherige Gesamtkosten: 184,45 €

1.1 bis 1.10 2.3	Kontrolle der Außenanlage (Zusammenfassung)	Hierbei handelt sich um zwei verschiedene Tätigkeiten. Die Kostenart Außenanlage betrifft den Rasen bzw. Grünschnitt, und die Objektbetreuerkontrollen sind Betreiberpflichten im Rahmen der Sicht- und Funktionskontrollen.

Kommentar:
- In der BetrKV bzw. im Mietvertrag gibt es keine Kostenart Außenanlage sondern Gartenpflege bzw. Pflege der Außenanlagen.
- Betreiberpflichten sind keine umlagefähigen Hauswartkontrollen.
- Was beinhaltet eigentlich eine Grünschnittkontrolle im Rahmen der Sicht- und Funktionskontrollen?
- Bisherige Gesamtkosten: 14676,95 €

| 7.2 | Kontrolle der Schalter und Steckdosen in Allgemeinräumen | In der Position 7.2 erfolgt die Kontrolle auf Beschädigung und Funktionalität der Schalter und Steckdosen in Allgemeinräumen wie z. B. Lichtschalter |

Kommentar:
- In den Allgemeinräumen gibt es keine Steckdosen. Die Hausbeleuchtung wird in allen Etagen einschließlich der Kelleretage durch Bewegungsmelder geregelt. Lichtschalter sind nur im Treppenhaus und den Kellerräumen vorhanden.
- Gemäß BetrKV gehören die Kosten für die Aufsicht zur Erhaltung des bestimmungsmäßigen Gebrauchs der Mietsache (Lichtschalter) nicht zu den Betriebskosten.
- Bisherige Gesamtkosten: 869,55 €

| 7.3 | Kontrolle der Einhaltung der Hausordnung | Hier erfolgt die Kontrolle der Einhaltung der Hausordnung gemäß Mietvertrag wie z. B. die Kontrolle auf Freihaltung der Fluchtwege usw. |
| 7.4 | Kontrolle der Sauberkeit von Allgemeinräumen und der Treppenhäuser | Bei der Position 7.4 hingegen erfolgt die Kontrolle der Sauberkeit (Hausreinigung) von Allgemeinräumen usw. |

Kommentar:
- Die Themen Sauberkeit und Hausreinigung sind organische Bestandteile der Hausordnung (Anlage 2 zum Mietvertrag).
- Die Kontrolle der Sauberkeit beinhaltet entsprechend der Erläuterung Kontrollen der wöchentlichen Hausreinigungen der Tochterfirma. Kosten von Kontrollen der Arbeiten von Handwerkern oder Dienstleistern sind nicht umlagefähig.

- Bisherige Kosten: 7404,35 €
- Bei einer wöchentlichen Komplexkontrolle, in der beide Kontrollen als Einheit im Sinne des Mietvertrages und der Wahrung des Prinzips der Wirtschaftlichkeit realisiert würden, würden die jährlichen Kosten nur 52 x 26,35 € = 1370,20 € und für den o. g. Abrechnungszeitraum 4110,50 € betragen.

8.1	Überprüfung des Fahrkorbes auf Beschädigung, Be-/Verschmutzung	keine Erläuterung

Kommentar:
- Lt. BetrKV §2, 7. gehören diese Überprüfungskosten zu den Kosten des Betriebes des Personenaufzuges.
- Gesamtkosten nur für 2017/2018: 685,10 €

Weitere brillante Erläuterungen der Kontroll- und Tätigkeitsinhalte der Hausmeisterleistungen hält die Anlage 4 bereit.

Nach einem Minuteninterview im Fernsehen (Januar 2020) zu den fehlerhaft ermittelten und abgerechneten Hauswartkosten wurde umgehend mit einem schriftlichen Korrekturversprechen reagiert: *Die Korrekturen werden in der kommenden Abrechnung 2018/2019 mit gesonderten Ausweis „Hauswartkorrektur" für die Abrechnungsjahre 2016/2017, 2017/2018 und 2018/2019 erfolgen:*
für 2016/2017 einen Betrag in Höhe von 527,00 €,
für 2017/2018 einen Betrag in Höhe von 555,09 €,
für 2018/2019 einen Betrag in Höhe von 188,51 €.

Für das Abrechnungsjahr 2017/2018 müsste es aufgrund der Umbenennung richtiger heißen: Hauswart-/Objektbetreuerkorrektur. Falls sich diese neue aufgestockte Kostenartbezeichnung mietrechtlich durchsetzt, bedarf es einer Veränderung des aktuellen Mietvertrages und einer Ergänzung der BetrKV, statt Kosten für den Hauswart müsste es dann heißen: Kosten für den Hauswart/Objektbetreuer.

Erstaunlich ist es, dass im Januar 2020 schon über eine *„Hauswartkorrektur"* für 2018/2019 informiert wird, obwohl die Betriebskostenabrechnung 2018/2019 erst im September 2020 fällig ist.

Seit meinem Widerspruch zur Betriebskostenabrechnung 2015/2016 kritisiere ich Form und Inhalt, die nicht zu übersehende Widersprüchlichkeit, besonders aber die Wahrhaftigkeit bei der Abrechnung der Kostenart Hauswart. Die Kostenabrechnung Hauswart 2015/2016 war gekennzeichnet durch den erheblichen Mangel bei der Nachweisführung. Die Differenz zwischen Kostenumfang und Kostennachweis lag im vierstelligen Bereich. Dieser auf die Mieter umgelegte gravierende Fehlbetrag wird in der „Hauswartkorrektur" leider nicht aufgeführt! Sollte die Verjährungsfrist dabei eine Rolle spielen oder das Schamgefühl?

Es wird höchste Zeit, dass die sachlichen, die rechnerischen und die logischen Zusammenhänge zwischen den Rechnungslegungen und den beigelegten Leistungs-/Tätigkeitsnachweisen des nicht vorhandenen Hausmeisters sowie der Einhaltung des Prinzips der Wirtschaftlichkeit verständlich dargelegt werden. Bezeichnend ist dabei die immer wiederkehrende Auslegung und Behauptung: Leistung ist gleich Kontrolltätigkeit!

Gespannt kann man auch sein, wie die Rechtmäßigkeit der neuen Kostenart Hauswart/Objektbetreuer begründet wird Der abrupte Abschluss einer weiteren Auseinandersetzung zu dieser Kostenart wurde am 07.02.2020 schriftlich vollzogen: *Obwohl die Leistungen korrekt abgerechnet wurden, haben wir Ihnen aus Kulanz einen Betrag in Höhe von 150,00 € gutgeschrieben.* Weiter heißt es: *Unsere Rechtsmeinung wird sich auch durch eine weitere Einlassung nicht ändern. Selbstverständlich steht es Ihnen frei, hier eine gerichtliche Überprüfung anzustreben, was wir sehr bedauern würden.*

Danke für die kulante Gutschreibung, mit der die fehlerhafte Kostenabrechnung mir gegenüber wieder gutgemacht werden sollte.

Ist unter den dargestellten Bedingungen aus der Sicht der Betriebskostenverordnung und des Mietvertrages die Kostenart „Hauswart" bzw. „Hauswart/Objektbetreuer" mietrechtlich rechtmäßig?

Kosten Aufzugsanlage

Am 08.11.2016 ist die Aufzugsanlage ausgefallen und für den bestimmungsgemäßen Gebrauch nicht verfügbar. Da auf die Störmeldung und auf meine E-Mail nicht reagiert wurde, habe ich am 29.11.2016 der Geschäftsführung den Zustandsbericht über den katastrophalen Zustand im Zusammenhang mit dem Ausfall der Anlage übersandt.

Das Durchschnittsalter der Mieter liegt bei über 83 Jahren. Ein Drittel ist auf einen Rollator angewiesen, das bedeutet: Treppenbenutzung ist nicht möglich. Die Stimmung vor und im Fahrstuhl wurde durch die Vervielfachung der Warte- und Fahrzeit immer aggressiver. Das Schlimmste war die Informationsleere von den Verantwortlichen der Aufzugsfirma sowie vom Vermieter: Wie geht es weiter?

Nun endlich, nach fünf Wochen Schweigen, wurde der Ausfall des Aufzuges offiziell als katastrophaler Zustand bestätigt: *Wir arbeiten jedoch mit Hochdruck an der Organisation der Reparatur.*

Die technische Abnahme und Wiederinbetriebnahme der Aufzugsanlage erfolgte Mitte August 2018. Eine zeitweilige Funktionstüchtigkeit eines der beiden Fahrkörbe war gegeben. Die folgende Tabelle stellt das nicht nachvollziehbare und äußerst fragwürdige Verhältnis der Betriebsbereitschaft der Aufzugsanlage zur Kostenentwicklung dar:

Abrechnung	Gesamtkosten	betriebsbereit
2015/2016	4485,06 €	12 Monate
2016/2017	4518,09 €	1 Monat
2017/2018	4016,79 €	2 Monate

In der folgenden Tabelle wird die Kostenstruktur „Aufzugsanlage" für den Abrechnungszeitraum für 2017/2018 dargestellt:

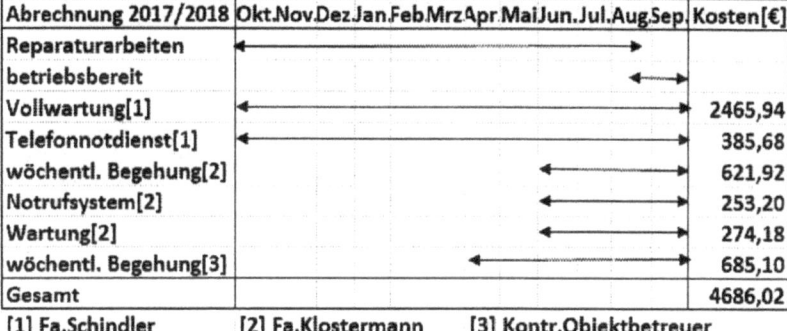

Abrechnung 2017/2018	Okt.Nov.Dez.Jan.Feb.Mrz.Apr.Mai.Jun.Jul.Aug.Sep.	Kosten[€]
Reparaturarbeiten		
betriebsbereit		
Vollwartung[1]		2465,94
Telefonnotdienst[1]		385,68
wöchentl. Begehung[2]		621,92
Notrufsystem[2]		253,20
Wartung[2]		274,18
wöchentl. Begehung[3]		685,10
Gesamt		4686,02
[1] Fa.Schindler [2] Fa.Klostermann [3] Kontr.Objektbetreuer		

Wertet man diese Darstellungen unter Berücksichtigung der nur zweimonatigen vollen Betriebsbereitschaft im August und September 2018 aus, dann stellt man fest, dass:

- die umgelegten Gesamtkosten (Vorverteilung: 4016,79 €) größer sind als die Bruttosumme (4000,72 €) der Kostenerläuterung,
- die Kosten für die Wartungsarbeiten und das Aufzugsnotrufsystem der Firmen Klostermann und Schindler ab Juni 2018 parallel erhoben wurde,
- die wöchentlichen Begehungen zur Durchführung der Kontrolle Nr. 8.1: Überprüfung des Fahrkorbes (Kosten: 685,10 €) während der Bauphase nicht akzeptabel sind. Parallel dazu wurde auch von der Firma Klostermann eine wöchentliche Begehung durchgeführt.

Alle Fragen zu diesem äußerst ungesunden Verhältnis der Betriebsbereitschaft zum Kostenumfang werden beantwortet: *Auch aus einer vorübergehenden Betriebsstilllegung erfolgt keine Anpassung des Wartungsvertrages.*

Der Gesamtausfall der Aufzugsanlage von 22 Monaten ist keine vorübergehende Betriebsstilllegung, der Wartungsvertrag ist in dieser Fassung sittenwidrig. Die Kostenabrechnung ist fehlerhaft und in dieser Art und Weise nicht umlagefähig.

Wie kann ein sittenwidriger Wartungsvertrag, der keine Anpassung der Wartungsarbeiten bei einer Betriebsstilllegung wegen Neueinbau vorsieht, die dargestellten erheblichen Kostennachteile für die Mieter bewirken?

Außenanlagen

Die Außenanlage (Anlage 5) umfasst eine Fläche von ca. 1111m². Die Pflege der Außenanlage wird in drei Kostenarten unterteilt:

- Außenanlage Rasenfläche,
- Außenanlage Gehölzfläche und
- Private Straßenreinigung (Reinigung einer privaten Straße).

Im Mietvertrag und in der BetrKV ist übereinstimmend festgelegt, dass die Kosten der Gartenpflege/Pflege der Außenanlage nur auf die Miete umgelegt werden dürfen, wenn dieser Außenbereich dem nicht öffentlichen Verkehr dient. Diese mietrechtliche Vereinbarung wird durch die Entscheidung des BGH – VIII ZR 33/15 unterstützt. (Anlage 6)
Die Betriebskostenabrechnungen beweisen, dass gegen diese mietvertragliche Vereinbarung und auch gegen die Festlegung der BetrKV permanent verstoßen wird. Die ersten telefonischen Antworten auf Kritiken zu dieser Problematik waren sinngemäß, die Mieter wollten es doch sauber und schön haben, oder auch, wir müssten das Grundstück einzäunen, das will doch keiner usw. Ab dem 15.08.2019 wird die schriftliche Auseinandersetzung zur Begründung der vertragsmäßigen Abrechnung in dieser Kostenart deutlicher: *Die begrünten Flächen der Höfe wurden zu keinem Zeitpunkt der öffentlichen Nutzung gewidmet. Zusätzlich ist aufgrund der Bebauung und der hieraus resultierenden Umschließung der Grünfläche durch das Mietgebäude der Anschein einer öffentlichen Parkanlage nicht gegeben. Gemäß Definition handelt es sich bei Wohnanlagen um Gebäudekomplexe mit Wohnungen, umgeben von Grünanlagen und bestimmten, dem Zusammenleben der Mieter dienenden Einrichtungen.* Diese Darstellungen sind falsch! Es gibt keine Umschließung der Grünfläche durch das Mietgebäude.

Das Mietgebäude ist ein einzeln stehendes Wohnhochhaus und gehört zu keinem Gebäudekomplex, der von Grünanlagen umgeben ist. Die Außenanlage besitzt keine bestimmten, dem Zusammenleben dienenden Einrichtungen, abgesehen von einer Bankgruppe, die auch der Öffentlichkeit zur Verfügung steht. Im Wohnhochhaus sind mehrere gewerbliche Einrichtungen ansässig. Die Straße und Wege auf dem Grundstück dienen der materiellen Sicherstellung und dem öffentlichen Personenverkehr.

In den Abrechnungszeiträumen 2015/2016 bis einschließlich 2017/2018 wurden für diese Kostenarten insgesamt 3518,67 € in die Betriebskostenabrechnungen eingestellt. Im gleichen Zeitraum wurden aber auch für die Kontrollen der Außenanlage durch den Hausmeister (Tätigkeiten Nr. 1.1, 1.2, 1.3, 1.6, 1.9, 2.3) 13939,15 € auf die Miete umgelegt. Aus dieser Perspektive gesehen stellt sich die Frage, wie kommt es zu diesem nicht nachvollziehbaren unglaublichen Kostenverhältnis der Hausmeisterkontrolltätigkeit zur Arbeitsleistung der Tochterfirma von Vier zu Eins? Die übereinstimmende Vonovia-Antwort: *Im Vergleich zu anderen Miethäusern ist der Außenbereich dieses Hochhauses klein. Das Verhältnis der Kosten für die einheitlichen Hausmeisterstandardkontrollen für alle großen und kleinen Grundstücke zu den Arbeitskosten im relativ kleinen Außenbereich ergibt diese unglaubliche Kostenbilanz.* Das ist doch mal eine interessante, aber gleichzeitig eine inakzeptable Begründung! Die Kontrolltätigkeit im Außenbereich muss doch wohl den unterschiedlichen Flächenverhältnissen der unterschiedlichen Flurstücke angepasst werden, um eine umlagefähige Kostenabrechnung zu gewährleisten. Als freundliche Zugabe werden die ermittelten Kostenerhöhungen von 2016/2017 zu 2017/2018 so begründet: *Die Kostensteigerung hinsichtlich der Position Außenanlage resultiert aus der Anzahl von Durchgängen. Aufgrund der leistungsbezogenen Vergütung bzw. Abrechnung kam es zu einer Kostensteigerung.*

Was ist denn nun richtig, eine leistungsbezogene Vergütung oder eine leistungsbezogene Abrechnung – beides geht ja wohl nicht?

Am Beispiel der Kostenart Gehölzfläche (Größe ca. 45 m²) sieht das so aus:

Abrech-nung	Durch-gänge	Gesamt-kosten	Flächen-kosten	Kosten-steige-rung
2015/2016	k.A.	159,31 €	3,54 €/m²	---
2016/2017	6	236,61 €	5,24 €/m²	148 %
2017/2018	7	345,93 €	7,69 €/m²	147 %

Die Begründung der Kostensteigerung 2016/2017 gegenüber dem Vorjahr steht noch aus. Im Schreiben vom 15.08.2019 wird auf Folgendes hingewiesen: *2017/2018 erfolgte ein Durchgang mehr als im Vorjahr.* Damit ist die Kostenerhöhung von 109,32 € für den zusätzlichen Durchgang nicht erklärt, denn die Durchschnittskosten für einen Durchgang im Zeitraum 2016/2017 lagen bei 39,44 €. Welche Arbeitsleistungen begründen die Erhöhungen der Kosten für die Gehölzfläche von 2,45 €/m² gegenüber dem Vorjahr?

Stromversorgung und Wartung Notstromanlage

Die mehrmalige Veränderung der Kostenartbezeichnung Kosten der Beleuchtung (in Übereinstimmung von BetrKV und Mietvertrag) ist sagenhaft, irreführend und sachlich falsch. Aus der einen eindeutigen Kostenart Kosten der Beleuchtung von damals wurde im Laufe der Zeit eine Liste von wechselnden und unterschiedlichen Kostenartenbezeichnungen gleicher inhaltlicher Bedeutungen eingeführt. Interessant dabei ist allerdings, dass die Kostenarten Stromversorgung, Wartung Hauslichtanlage sowie Wartung Notstromanlage weder im Mietvertrag noch in der Betriebskostenverordnung aufgeführt sind.

Abrechnung	Kostenart Kosten/Wartung der	Gesamtkosten lt. Rechnung	Hausmeister-kontrollen
2012/2013	Beleuchtung	11.017,35 €	---
2013/2014	Hauslichtanlage	344,27 €	---
2014/2015	Stromversorgung und Hauslichtanlage	11.629,11 € 636,50 €	--- ---
2015/2016	Stromversorgung	11.609,42 €	1.949,90 €
2016/2017	Stromversorgung Notstromanlage	11.321,09 € 829,62 €	2.687,70 €
2017/2018	Stromversorgung Notstromanlage	10164.29 € 1.662,47 €	2.687,70 €

Zusätzlich und im Zusammenhang mit der Umlage der Kostenarten Stromversorgung und Wartung der Notstromanlage sind die Kosten für die Hausmeisterkontrollen (Stromversorgung) Nr. 1.1, 7.0, 7.1 und 7.2 auch auf die Miete umgelegt worden. Die Antwort vom 15.08.2019 auf meine Kritik zur Abrechnung dieser Kostenart lautet: *Wir haben die Kostenposition Notstroman-*

lage nochmals überprüft und teilen Ihnen mit, dass diese Position keine neue Kostenart ist, diese wurde lediglich umbenannt. In früheren Abrechnungen hieß diese Position „Wartung Hauslichtanlage" diese nennt sich nun „Wartung Notstromanlage".

Die Wartung der Notstromanlage ist im Mietvertrag unter § 4 Betriebskosten (1) Wartung Elektroanlagen geregelt. Vorsorglich weisen wir Sie dennoch daraufhin, dass im Mietvertrag unter § 4 Abs. 4. Eine Mehrbelastungsklausel für neue Betriebskostenpositionen aufgeführt ist.

Ich stelle fest:
- Die Kostenposition Wartung Notstromanlage ist seit 2016/2017 eine neue Kostenart und wird gleichzeitig zur Kostenart Stromversorgung abgerechnet und umgelegt. Sie ist nicht im Mietvertrag aufgeführt und erläutert.
- Eine Umbenennung der Kostenart Wartung Hauslichtanlage in Wartung Notstrom-Anlage ist nicht nur sachlich falsch, sondern stockt unzulässig die Kostenart Stromversorgung auf.
- Die im Mietvertrag genannte „Wartung Elektroanlagen" ist als sonstige Betriebskosten ausgewiesen. Umlagefähig sind sonstige Betriebskosten grundsätzlich nur dann, wenn sie im Mietvertrag ausdrücklich im Einzelnen bezeichnet werden. Das bedeutet, dass die umzulegenden Kostenpositionen im Rahmen der sonstigen Betriebskosten einzeln genannt und genau bezeichnet sein müssen. Unklare Formulierungen gehen zu Lasten des Vermieters (BGH, Urteil Az. VIII ZR 167/03).
- Da der Auffangbegriff „Wartung Elektroanlagen" nicht die Kostenart „Wartung Notstromanlage" ausdrücklich, eindeutig und im Einzelnen bezeichnet und im Mietvertrag sowie in den Anlagen zum Mietvertrag nicht aufgeführt ist, ist die Kostenart „Wartung Notstromanlage" in der Betriebskostenabrechnung unzulässig.
- Die Mehrbelastungsklausel im Mietvertrag deckt keine Umbenennung von Kostenarten sowie keine Veränderungen von Kostenartenbezeichnungen.
- Neben der Mehrbelastungsklausel im Mietvertrag, die die Umlage nur auf neu entstehende Kosten einschränkt und ver-

gessene ausschließt, legt die Anlage 1 zum Mietvertrag „Allgemeine Vertragsbestimmungen" unmissverständlich fest: „Das Wohnungsunternehmen wird dem Mieter die neuen Betriebskosten sofort nach Bekanntwerden mitteilen." Diese Vereinbarung wurde nie erfüllt!

- Die allgemeine Kostenartenbezeichnung „Stromkosten" in der Betriebskostenabrechnung führt wie nachgewiesen zu einem formellen Fehler, weil nur „Beleuchtungskosten" (Hausinnen- und Außenbeleuchtung) in diese Kostenart eingestellt werden darf. Die Kostenartenbezeichnung „Stromversorgung" lässt nicht erkennen, welche Kosten sich dahinter verbergen.
- Die vorgelegten Stromrechnungen weisen für die Verbraucherstelle Postelwitzer Straße 2 die Gesamtstromeinspeisung aus. Vergleicht man die Gesamtkosten der Kostenpositionen „Hausbeleuchtung" mit der umbenannten „Notstromanlage", stellt sich eine deutliche Kostensteigerung dar. Werden die Kosten für die Stromversorgung allerdings hinzugerechnet, ergibt das eine Kostenexplosion bei der Hausbeleuchtung um das Dreißigfache gegenüber der Abrechnung von 2013/2014.
- Wenn also die Kostenart „Wartung Hauslichtanlage" in „Wartung Notstromanlage" nur umbenannt wurde und parallel zur „Stromversorgung" abgerechnet wird, stellt sich unüberhörbar die Frage: Welche Kostenposition ist für die Hausbeleuchtung zuständig – „Wartung Notstromanlage" oder die „Stromversorgung"? Beide Kostenarten in einer Betriebskostenabrechnung abzurechnen ist unzulässig und verstößt gegen die mietvertraglichen Vereinbarungen sowie die Festlegungen der Betriebskostenverordnung.

Winterdienst

Der Vonovia-Pressesprecher Ostdeutschland stellte im Januar 2020 öffentlich klar: *Je nach Situation wird der Winterdienst in den sehr frühen Morgenstunden durchgeführt, sodass Mieter die Einsätze nicht immer mitbekommen. Wir haben auf Grundlage der uns vorliegenden Wetterdaten die Einsätze noch einmal überprüft, konnten aber keine unnötigen oder fehlerhaften Einsätze feststellen.*

Dieses Statement stellt uns Mieter ein trauriges Zeugnis aus, man nimmt offenbar an, wir wären nicht ganz zurechnungsfähig und bekämen nichts mehr mit. Sehr wohl ist um 09:00 Uhr von allen Mietern zu erkennen, ob in den frühen Morgenstunden Schnee beräumt und/oder Wege mit Streugut abgestumpft wurden.

Schaut man sich die Rechnungsbelege Winterdienst an, fällt sofort die Kleinigkeit auf, dass es keine Währungsangabe auf den Rechnungen gibt und es unmöglich ist, die Rechnungssumme zu überprüfen, weil die Kostensätze für die abgerechneten Arbeiten nicht mit aufgeführt sind. Höchst interessant, aber nicht nachvollziehbar sind die folgenden Einsätze im März 2017:

- Streugut aufnehmen (1413) + Wegeflächenreinigung (1502)
- Laubentsorgung von Rasenflächen (1101.3)
- Laubentsorgung aus Gehölzflächen (1212.3)
- Laubentsorgung aus Pflanzflächen (1215.3)

Folgende Zusammenstellung der umlagefähigen Aktivitäten im Winter 2017/2018 ist besonders interessant hinsichtlich der inhaltlichen Tätigkeiten im Winterdienst, bei der Pflege der Außenanlage und der Hausmeisterkotrollen.

Tätigkeit	Nr.	Dezember 2017	März 2018
Räumen u. streuen	1411, 1412	04., 09., 10., 18.	07., 17., 18., 21.
Kosten		324,23 €	677,93 €
Laubentsorgung*	1101.3, 1212.3, 1215.3	17., 19., 23.	17., 27.
Hausmeisterkontr.	1.3	04. 12., 22., 27.	02., 05., 13., 23., 29.
"	1.9	04.	05.
Kosten		131,75 €	158,10 €

★keine Kostenangaben der Laubentsorgung, aber Rechnungslegung

Die mehrfachen Laubentsorgungen im März 2018 passen nicht zu den vorher durchgeführten Winterdiensteinsätzen. Am 17.03.2018 wird z. B. vor lauter Einsatzfreude geräumt, gestreut und Laub entsorgt. Leider ist die Reihenfolge der Einsätze in den detaillierten Tätigkeitsnachweisen nicht dokumentiert – schade, das wäre interessant.

Zusätzlich wurden noch im gleichen Zeitraum Einzelkontrollen vom Hausmeister durchgeführt. Sind das Kontrollen zur Mängelfeststellung oder Qualitätskontrollen der Arbeitsergebnisse des Winterdienstes bzw. der Pflege der Außenanlage? Was soll die Laubentsorgung nach der Winterperiode? Beinhaltet die Wegeflächenreinigung nicht auch die Streugutaufnahme? (Und dann gibt es ja auch noch die private Straßenreinigung.)

Wartung Löscheinrichtung

Zahlen und Informationen aus den Betriebskostenabrechnungen sowie den Nachweisen stellen am eindrucksvollsten die Realität dar.

Kostenart	Abrechnung	Kosten
Wartung Brandmeldeanlage	2012/2013	496,43 €
	2013/2014	723,23 €
Wartung Löscheinrichtung	2014/2015	617,00 €
	2015/2016	1844,18 €
	2016/2017	682,88 €
	2017/2018	968,09 €

Wer diese erheblichen Kostenschwankungen übersieht, hat natürlich keine Fragen. Meine Bedenken diesbezüglich wurden wie folgt beantwortet:

14.09.2017:
Wartungen der Löscheinrichtungen werden nur alle zwei Jahre durchgeführt. daher schwanken die Kosten in jedem Abrechnungsjahr.

07.12.2017:
Bei den Kosten der Wartung der Löscheinrichtung wurden höhere Kosten abgerechnet. Nach Vorverteilung reduzieren sich die Gesamtkosten auf (...), damit reduziert sich Ihre Nachforderung von (...) auf (...).

05.02.2018:
Die Information, dass die Kosten für die Wartung der Löscheinrichtung nur alle zwei Jahre anfallen, ist leider falsch. Die Reduzierung der Nachforderung wurde rückgängig gemacht.

23.04.2018:
Mit Schreiben vom 02.12.2017 wurden Ihnen die fehlerhaften Kosten für die Wartung der Löscheinrichtung anteilig korrigiert.

Ein Vergleich der Leistungsbezeichnungen auf den Rechnungen mit denen der Hausmeistertätigkeiten sowie ihre Kosten 2015/2016 sieht wie folgt aus:

Kostenart: Wartung Löscheinrichtung	Hausmeisterkontrollen: Brandschutz
R-Nummern.:2015/422, 2016/0050, 2016/326, 980571	Nr. 6.1, 6.3, 6.4, 6.5
-Steigleitung nass prüfen -Pulver u. CO^2-Löscher prüfen -Überprüfung der Gangentrauchung -Wartung der Feuerwehrdurchsageeinheit	-Kontr. der Nass- und Trockenleitungen -Kontrolle der Feuerlöscher -Kontr. der Rauchüberwachungsanlagen -Kontr. der Brandmeldeanlagen
Rechnungssumme ges. 633,95 € darunter USt. 101,21 € Kosten Vorverteilung 1844,18 €	Kontrollkosten: 711,45 €

Gebühr für Fernsehen

Mit Schreiben vom 24.02.2011 wird verbindlich mitgeteilt, dass die Kostenart „Gebühr für Fernsehen" Bestandteil der Betriebskostenabrechnung wird. *Die Kosten betragen ab 01.04.2011 monatlich 8,98 € je Wohnung.* Das klappte vorbildlich!

Seit der Abrechnung 2016/2017 wurde gegen die allgemeinen Anforderungen an die Betriebskostenabrechnung gemäß § 259 BGB verstoßen. Die geforderten Mindestangaben zur formell ordnungsgemäßen Abrechnung wurden nicht aufgeführt. Gleichzeitig wurde die monatliche Gebühr (umbenannt in monatlichen Grundpreis) auf 10 € ohne Ankündigung erhöht. Auf Nachfrage wurden folgende schriftliche Begründungen angegeben:

12.10.2018:
Aufgrund des Wechsels des Kabelanbieters zur (…) kam es zu einer geänderten Darstellung über die Abrechnung der Kabelgebühren. Die Kabelgebühren werden nunmehr direkt für die jeweilige Mieteinheit in der Abrechnung angedruckt. Aus diesem Grund sehen Sie keine Gesamtkosten mehr in Ihrer Abrechnung.

15.08.2019:
Seit dem 01.10.2016 erfolgt die Versorgung mit Fernsehempfang durch die Deutsche Multimedia Service GmbH und es erfolgt eine Direktzuordnung pro Mieter. Aus diesen technischen Gründen wurde hier die Umlage (…) nicht angedruckt, dieses Versehen bitten wir zu entschuldigen. Zukünftig werden wir dies in den Abrechnungen beachten.

07.02.2020:
Die übersandten Rechnungen belegen die entstandenen Kosten. Wir bitten Sie dies zu akzeptieren. Unsere Rechtsmeinung wird sich auch durch eine weitere Einlassung nicht ändern.

Die Zusammenstellung der Aufteilung der Gesamtkosten (Tabelle 4.1 in den Betriebskostenabrechnungen) sieht so aus:

Abrechnung	Gebühr für	Kosten ges.	Umlegungsgröße	Kostenanteil
2014/2015	Fernsehempfang	16116,00 €	135 ST	119,40 €
2015/2016	Fernsehempfang	16116,00 €	135 ST	119,40 €
2016/2017	Fernsehen			120,00 €
2017/2018	Fernsehen	120,00 €	1 ST	120,00 €

Voraussetzung für die Fälligkeit einer Betriebskostenabrechnung ist der Zugang einer formell ordnungsgemäßen Abrechnung. Formell ordnungsgemäß ist die Betriebskostenabrechnung, wenn sie den allgemeinen Anforderungen des § 259 BGB entspricht. Dies bedeutet, dass eine geordnete Zusammenstellung der Einnahmen und Ausgaben aufzuführen ist. Die Mindestangaben sind:
- Zusammenstellung der Gesamtkosten,
- die Angabe und Erläuterung des Verteilerschlüssels,
- die Berechnung des Anteils des Mieters

Fehlen einzelne Mindestangaben, liegt ein formeller Mangel der Abrechnung vor, der zur Unwirksamkeit der gesamten Betriebskostenabrechnung führen kann.

Ich stelle fest:
1. Die Abrechnungen 2016/2017 und 2017/2018 für die Kostenart Gebühr für Fernsehen weisen nicht nur formelle, sondern auch inhaltliche Fehler auf.
2. Durch das Fehlen der Mindestangaben kann keine Kontrolle der anteiligen Kosten erfolgen.

3. In der Abrechnung 2017/2018 wurde versucht, durch Falscheintragungen in die Tabelle 4.1 Aufteilung der Gesamtkosten die kritisierten Mängel zu legalisieren.
4. Der sachlichen Problemstellung wurde immer aus dem Weg gegangen. Wie ist es zu erklären, dass die Kosten gesamt für das Wohnhochhaus identisch mit dem Kostenanteil für eine Wohnungseinheit ist?

Kann der Wechsel des Kabelanbieters dafür verantwortlich gemacht werden, dass die gesetzlich vorgeschriebenen Mindestangaben pro Kostenart in den Abrechnungen nicht angegeben werden?

Wie wird die stillschweigende Kostenerhöhung auf 111 % begründet?

Die Antwort vom 07.02.2020 (siehe oben) verspottet uns Mieter!

Wartung elektrische Türen

Die Kostenart „Wartung elektrische Türen" war für mich die sagenhafteste, vom Kostenumfang die unbedeutendste und in der Auseinandersetzung eine der widersprüchlichsten Umlagepositionen der Betriebskostenabrechnung.

In der Abrechnung 2015/2016 wird sie in der Aufteilung der Gesamtkosten gleich zweimal hintereinander aufgelistet und die Kosten von insgesamt 450,30 € auf die Miete umgelegt. Auffällig ist ebenfalls, dass die Kostenart nicht in der Vorverteilung aufgeführt ist, obwohl diese Türen im Eingangsbereich den gesamten Personenverkehr zur Gewährleistung der Tagespflege sicherstellten. Die Rechnung als Kostennachweis beinhaltet:

R2016090202378

saxOmatic Automatiktüren+Tortechnik GmbH
Wilhelm-Franke-Str. 16   01219 DRESDEN

Deutsche TGS GmbH
c/o. Vonovia SE
Postfach 10 12 51
57006 SIEGEN

Kundennr. ▬▬▬

Dresden,   31.08.2016
Nummer   RE16-0001267
Bearbeitung ▬▬▬▬▬▬▬

RECHNUNG

Bauvorhaben: Postelwitzer Str. 2, Wartung der Automatiktüren

Ihre Wartungsvertragsnummer: Rahmenvertrag GAGFAH
Unsere Lieferung/Leistung vom: 30.08.2016

Wir erlauben uns Ihnen gemäß Ihrem Auftrag folgende Positionen in Rechnung zu stellen:

Nr	Pos	Bezeichnung	Menge	Einheit	Einzelpreis	Gesamtpreis
1		Wartung und Sicherheitsdurchsicht entsprechend der Richtlinie für kraftbetätigte Türen, Tore und Fenster BGR 232 und den Vorschriften des Herstellers für 1 Stück Automatiktür Waldoor UWD und 1 Stück Waldoor UZD, lt. WV 2004-W-33	1,00	Stück	189,20	189,20

Positionen €	Zuschläge €	Rabatt €	Netto €	Mwst. 19,00%	Brutto €
189,20	0,00	0,00	189,20	35,95	225,15

Die Rechnung ist zu zahlen bis: 14.09.2016
Es gelten unsere allgemeinen Geschäftsbedingungen. Es gilt der erweiterte Eigentumsvorbehalt. Die Ware bleibt bis zur vollständigen Bezahlung unser Eigentum. Freistellungsbescheinigung gem § 48 EStG liegt vor, Abzüge sind somit nicht zulässig
Für den Fall, daß diese Rechnung ohne Mehrwertsteuer ausgestellt wurde, ist der Rechnungsempfänger nach § 13 b Abs. 2 UstG Umsatzsteuerpflichtig. Auf die Aufbewahrungspflicht für diese Rechnung gemäß Steueränderungsgesetz 2003 wird hingewiesen.

Bank: Ostsächsische Sparkasse Dresden BLZ 850 503 00 Konto-Nr. 312 021 78 66
IBAN DE 57850503003120217866   BIC OSDDDE81XXX

USt.ident Nr. DE 813331.
Steuer Nr. 203/118/10066
HRB 31523 Dresden

saxOmatic   Wilhelm-Franke-Straße 16   01219 DRESDEN
Ihr Spezialist für Automatiktüren und Tortechnik + Werksvertretung für BFT Torantriebe

tel 0351-270 70 82   fax 0351-270 70 83
e-mail post@saxomatic.de   www.saxomatic.de

Im aktuellen Mietvertrag sowie in der Betriebskostenverordnung ist die Kostenart „Wartung elektrische Türen" nicht aufgeführt. Die Umlage der Kosten auf die Miete ist unzulässig.

1. In der Betriebskostenabrechnung 2015/2016, 4.1 Aufteilung der Gesamtkosten ist die Kostenart gleich zweimal aufgeführt.
2. Der Auftrag laut Rechnung lautet:
Bauvorhaben: Postelwitzer Str. 2, Wartung der Automatiktüren (2 Stück)
3. Die Abrechnungsleistung und der Gesamtpreis lautet (siehe Rechnungstext): Wartung und Sicherheitsdurchsicht für 1 Stück Waldoor UWD und 1 Stück Waldoor UZD

Wird dieser Rechnung (Anlage 7) der Arbeitsauftrag (Anlage 8) gegenübergestellt, wird deutlich, dass:

1. der Arbeitsauftrag/Leistungsnachweis mit Termin: 30.08.16 manipuliert wurde,
2. mit der datierten Arbeitsfolge laut Arbeitsauftrag:

Inbetriebnahme	letzte Reparatur	letzte Wartung	nächste Wartung
06.01.98	08.09.09	16.11.09	16.11.10

die inhaltliche und sachliche Richtigkeit der Rechnung Nr. RE16-0001267 vom 31.08.2016 nicht nachgewiesen wird,
3. der Bruttowert gleich zweimal berechnet wurde, obwohl in der Rechnung eindeutig der Bruttogesamtpreis genannt wird,
4. neben der Kostenart Wartung elektrische Türen werden noch zusätzlich die Kosten der Hausmeisterkontrolle Nr. 3.0: Kontrolle der Türen und Schlösser des Gebäudes auf die Miete umgelegt.

Die inhaltliche Argumentation, Fairness und der Verlauf des Klärungsprozesses ist für Vonovia charakteristisch. Folgende Antworten erhielt ich auf meine Kritiken und Fragen zu dieser Kostenart:

07.12.2017:
Leider ist uns bei der Berechnung der Kosten ein Fehler unterlaufen. Die Gesamtkosten reduzieren sich auf 225,15 €.

05.02.2018:
Die Umlage der benannten Kosten erfolgte auf der Grundlage der Verordnung über die Aufstellung von Betriebskosten (Betriebskostenverordnung). Weiter heißt es: Die Leistungen für die Wartung der elektrischen Türen wurden durch die Firma saxOmatic Automatiktüren + Tortechnik GmbH erbracht.

Eine Kostenumlage erfolgte bisher für Ihre Mieteinheit nicht, da diese Kostenposition nicht (…) in Ihrem Mietvertrag vereinbart wurde. Entgegenkommend und ohne Anerkennung einer Rechtspflicht werden wir Ihrem Mietkonto den Betrag von (…) gutschreiben.

23.04.2018:
Die Zusendung der Rechnungslegung der Firma saxOmatic Automatiktüren und Tortechnik GmbH, welche die Leistung der Wartung elektrischer Türen erbracht haben, erfolgte zu Ihrer Information und Kenntnisnahme. Gern bestätigen wir Ihnen, dass Sie auch künftig von der Beteiligung an dieser Kostenart ausgeschlossen sind.

09.11.2018:
Gerne haben wir uns unsere Antwortschreiben an Sie und die Ihnen zugesandten Belege nochmals angeschaut. Sie haben recht. Hier haben wir Ihnen leider fehlerhafte Belege zugesandt.

07.02.2020:
Die übersandten Rechnungen belegen die entstandenen Kosten. Wir bitten Sie dies zu akzeptieren. Unsere Rechtsmeinung wird sich auch durch eine weitere Einlassung nicht ändern.

Für die folgenden Abrechnungszeiträume brauchte ich keine Widersprüche gegen die Kostenart mehr einzulegen, da ich von den Kosten „Wartung elektrische Türen" befreit wurde.

Abrechnungskreativität

Die Vereinbarungen des Mietvertrages, die Festlegungen der Betriebskostenverordnung, das Mietrecht sowie die Rechtsprechungen legen eindeutig die Bedingungen für die Erstellung der Betriebskostenabrechnung fest, lassen aber in diesem festgelegten Rahmen kollektive Kreativität zu.

Unter Kreativität verstehe ich die Fähigkeit, Neues, Originelles oder Phantasievolles zu erschaffen, was darüber hinaus nützlich für die Allgemeinheit ist. Das können Lösungen für Probleme oder alternative Lösungen für schon gelöste Probleme sein. Kreativität zeigt sich im Denken und Handeln. Die bisherigen Abrechnungen erfüllen in gewisser Hinsicht Merkmale von Kreativität. Jedes Jahr neue Kostenarten, originelle Begründungen und phantasievolle Nachweise und Rechnungen. Leider wirken strenge Zielorientierung, starre Lösungswegvorgabe bei der Kostenerfassung sowie Misstrauen zwischen den Betroffenen als Kreativbremse.

Im Laufe der Jahre überschreiten die Betriebskostenabrechnungen mehr oder weniger erkennbar die Grenzen der Rechtmäßigkeit. Dazu gehören insbesondere Abrechnungen:

- die Vereinbarungen, Festlegungen sowie Entscheidungen der Rechtsprechung missachten bzw. die zum eigenen Nutzen ausgelegt werden,
- von Kostenarten, die weder im Mietvertrag vereinbart noch in der Betriebskostenverordnung aufgeführt sind,
- in denen die Umsatzsteuer Dritter einbezogen wurde,
- die eine Mehrfachkostenabrechnung darstellen und
- von Hausmeisterleistungen, die nicht umlagefähig oder objektiv nicht durchführbar sind.

Im Mietvertrag und in der BetrKV sind übereinstimmend die Bedingungen für die Kostenumlage der Kostenart „Kosten der Gartenpflege" festgelegt. Die gesamte Außenanlage (gärtnerisch angelegte Flächen und alle befestigten Wege/Straßen) ist öffentlicher Verkehrsraum. Er ist unverzichtbar für die materielle Sicherstellung und für den öffentlichen Personenverkehr der im Haus befindlichen Gewerbeeinheiten.

Trotz der eindeutigen Entscheidung des Bundesgerichthofes zur Abgrenzung der Umlagefähigkeit der Kosten für die Pflege von Gartenflächen (Anlage 6) wurden die Kosten für die Pflege der Rasen- und Gehölzfläche auf die Wohnraummiete umgelegt.

Tatsache ist, dass die Kostenarten Stromversorgung, Wartung Notstromanlage, Wartung elektrische Türen und Hauswart/Objektbetreuer weder im Mietvertrag vereinbart noch in der Betriebskostenverordnung aufgeführt sind, aber mit jährlicher Kostensteigerung abgerechnet werden.

Die folgende Zusammenstellung informiert über die Kostenpositionen, in deren Abrechnungen und Umlage die Umsatzsteuer mit angesetzt wurde:

Kostenart	Abrechnung	Rechnung brutto	Vorverteilung
Stromversorgung	2017/2018	10164,29 €	10164,29 €
Aufzugsanlage	2017/2018	4000,72 €	4016,79 €
Wartung elektr. Türen	2015/2016	225,15 €	450,30 €
Brandschutz	2015/2016	633,95 €	1844,18 €

Bevor ich auf die Mehrfachkostenabrechnung eingehe, ist es notwendig, dass Begriffe wie Mehrbelastungsklausel, Wartung und Kontrolle eindeutig geklärt sind.

Die Mehrbelastungsklausel im Mietvertrag regelt die Einführung neuer Kostenarten, die zum Zeitpunkt des Mietvertragsabschlusses nicht vorhanden waren, aber später angefallen sind. Kostenarten, die durch Umbenennung eine neue Kostenartenbezeichnung erhalten, werden nicht von der Mehrbelastungsklausel gedeckt, denn sie wurden ja schon unter einem anderen Begriff abgerechnet.

Eine Kontrolle (Funktionskontrolle, Sichtkontrolle Qualitätskontrolle usw.) ist die Überwachung/Überprüfung eines Sachverhaltes. Sie ist die Durchführung eines Vergleichs zwischen Soll- und Istzustand des Kontrollobjektes sowie die Analyse ihrer Abweichungsursachen.

Als Wartung zählen alle Maßnahmen zur Verzögerung des Abbaus bzw. der Abnutzung der konstruktiv festgelegten Standfestigkeit einer technischen Einrichtung. Die Wartung wird nach technischen Regeln oder einer Herstellervorschrift durchgeführt. Damit werden der Umfang der Wartung, aber auch gleichzeitig die Wartungskosten bekannt.

Werden die Hausmeisterkontrollen und die Wartungsmaßnahmen zueinander in Beziehung gebracht, stellt man fest, dass die Anzahl der angewiesenen Kontrollen nicht von bestehenden technischen Regeln oder durch Herstellervorschriften vorgegeben sind. Sie folgen einem zentral festgelegten Kontrollrhythmus des Vermieters mit dem Ziel, eine hohe Gewinnquote zu erreichen. Da alle Wartungsarbeiten immer Sicht-, Funktions- oder Qualitätskontrolle nach technischen Gesichtspunkten beinhalten, sind zusätzliche Kontrollen, die der Vermieter anordnet, eigene Maßnahmen im Rahmen seiner Aufsichtspflicht und zur Erhaltung der Funktions- bzw. Gebrauchsfähigkeit des Kontrollobjektes.

Unter Mehrfachabrechnung ist die Kostenerhebung und -umlage von Kostenpositionen mit unterschiedlichen Bezeichnungen, aber gleichen oder ähnlichen sachlichen Inhalten zu verstehen. Die Veränderung von Kostenartenbezeichnungen, ihre Umbenennung sowie die Einführung von neuen Kostenarten ist der Versuch, Kostenpositionen durch Umschreibungen salonfähig zu machen, sie der Betriebskostenverordnung anzupassen und sie somit für umlagefähig zu erklären. Diese Vorgehensweise verwischt die Abgrenzung der Begriffe Wartung und Kontrolle und versucht beide Maßnahmen als gleichberechtigt nebeneinander zu stellen. Die Mehrfachkostenabrechnung begründet sich in den Kostenpositionen z. B.: Stromversorgung/Hausbeleuchtung.

Fest steht, es können nur die Kosten für die Beleuchtung von den Hausbewohnern gemeinsam genutzten Gebäudeteilen sowie der Außenanlage angesetzt werden. Ebenso wenig umlagefähig sind Stromkosten in dieser Kostenart für andere Einrichtungen.

Die vereinbarte und einzig zulässige Kostenposition für die Stromversorgung des Mietobjektes ist die Kostenart: „Kosten Hausbeleuchtung" (Beleuchtungskosten). Sie wird gleich durch mehrere Kostenpositionen (2017/2018) abgerechnet, dreimal als Kostenart und einmal als Kostenpositionen der Hausmeisterkontrollen:

Kostenposition 2017/2018	vereinbart im Mietverterag	Kosten ges. lt. Rechnung
Stromversorgung	nein	10.164,29 €
Wartg. Notstromanlage	nein	1.662,47 €
Kosten der Beleuchtung	ja	---
Hausmeisterkontrollen Nr. 1.1, 7.0, 7.1, 7.2	es gibt keinen Hausmeister	2.714,05 €
Summe		14.540,81 €

Hausreinigung/Hausordnung (2017/2018)
Die Kosten für die „Hausreinigung" (15332,39 €) und für den „Hauswart/Objektbetreuer" (14653,91 €) sind die umfangreichsten und stehen an oberster Stelle in der Betriebskostenabrechnung.

Die Hausordnung ist rechtsverbindlicher Bestandteil des Mietvertrages. Der Abschnitt III. Reinigung regelt alle Belange der Hausreinigung. Sie ist ein wesentliches Element der Einhaltung der Hausordnung.

In den inhaltlichen Erläuterungen der Hausmeisterkontrollen vom 15.08.2019 liest man: *Nr.7.3: Hier erfolgt die Kontrolle der Einhaltung der Hausordnung gemäß Mietvertrag.* (also Abschnitt III.: Hausreinigung, Kosten 1370,20 €).
Nr.7.4: Bei der Position 7.4 hingegen erfolgt die Kontrolle der Sauberkeit. (also Abschnitt III. Hausreinigung, Kosten 1370,20 €).

Abgesehen von den verwirrenden Erklärungen der Kontrollinhalte, wird hier nahezu die perfekte Doppelkontrolle nachgewiesen, einmal die Einhaltung der Hausreinigung und zweitens die Qualität der Sauberkeit.

Kostenkomplex Türen und Schlösser
Werden Kosten für die Wartung elektrischer Türen und zusätzlich Kosten für Kontrollen der Türen und Schlösser des Gebäudes in einer Abrechnung an verschiedenen Stellen erhoben, dann sollte man der Sache auf den Grund gehen. Gehören die elektrischen Türen nicht auch zu den Türen des Gebäudes?

Zur Begriffsklärung: Mit Türen und Schlössern sind die drei Etagentüren je Stockwerk des Wohnhochhauses gemeint. Die elektrischen Türen, auch als elektronische Türen oder Automatiktüren bezeichnet, repräsentieren die Eingangstüren im Erdgeschoss. Während die Kostenart Wartung elektrische Türen als direkte, aber neue Kostenart in der Aufteilung der Gesamtkosten erscheint, findet man die Kostenposition Kontrolle der Türen und Schlösser im großen Sammelbehälter der Hausmeisterkontrollen.

Kostenart/Kontrolle	2015/2016	2016/2017	2017/2018
Wartung elektr. Türen	450,30 €*	225,15 €	225,15 €
Hausmeisterkontr. Nr.3	237,15 €	316,20 €	184,45 €
Umlagesumme	687,45 €	541,35 €	409,60 €

* Zweimal dieselbe Kostenart abgerechnet und auf die Miete umgelegt (nach erfolgreichem Widerspruch wurden mir die Kosten für immer erlassen).

Wasserversorgung
Die Kosten der Wasserversorgung werden in den Betriebskostenabrechnungen untergliedert in die Kostenarten:

- Wasserkosten
- Kosten der Wohnungswasserzähler
- Ablesen/Abrechnen der Wasserzähler
- Wasseraufbereitung
- Wartung Druckerhöhung

Sind die Kosten für die Wohnungswasserzähler Mietkosten oder Anschaffungskosten? Ersteres ist eigentlich nicht möglich, da sich die Kosten jährlich erhöhen. Diese Frage ergibt sich auch bei der anteiligen Umlage der Anschaffungskosten.

Das Ablesen der Wohnungswasserzähler wird schon seit Jahren nicht mehr durchgeführt, die jährlich steigenden Kosten für das Ablesen/Abrechnen werden aber auf die Miete umgelegt. Die Ablesekosten pro m³ Wasserverbrauch erhöhten sich wie folgt:

Abrechnung	2015/2016	2016/2017	2017/2018
€/m³	0,10 €	0,11 €	0,15 €

Eine weitere Besonderheit bei dieser Kostenart ist, die Ablesekosten sind proportional zur Ablesemenge, das bedeutet:

kleine Ablesewerte = kleine Ablesekosten/größere Ablesewerte = höhere Ablesekosten!

Wartung Druckerhöhung
Die Abrechnungen der Kostenart „Wartung Druckerhöhung" und die Hausmeisterkontrolle Nr. 5.3 Kontrolle der Druck- und Hebeanlage haben einen bitteren Beigeschmack der Vorteilsnahme. Die Kostenrelation im Abrechnungszeitraum 2017/2018 der beiden Kostenpositionen ergibt Folgendes:

Kostenart Wartung Druckerhöhung	335,70 €
Hausmeisterkontrolle: Druck- u. Hebeanlagen	316,20 €.
zusätzlich Hausmeisterkontrollen: Wasserversorgung (Nr. 5.1, 5.2, 5.5, 5.7, 5.8)	2002,60 €

Im Schreiben vom 15.08.2019 wird die Hausmeisterkontrolle 5.3 wie folgt erläutert: *Die Position 5.3 wird einmal im Monat durchgeführt und beinhaltet die Funktionskontrolle von Hebel und Schwimmer und die Überprüfung, ob die Schwimmer sauber, frei und beweglich sind. Des Weiteren wird Wasser in die Hebeanlage gegossen und geprüft, ob der Hebel ansteigt.*

Diese sachliche Erläuterung erfüllt inhaltlich den §2 Abs. (2) Ziffer 2. BetrKV und ist ein Paradebeispiel einer sachbezogenen Doppelabrechnung zur Wartung Druckerhöhung.

Wartung Löscheinrichtung
Diese Kostenart wurde in der Abrechnung 2014/2015 umbenannt von Wartung Brandschutzeinrichtung in Wartung Löscheinrichtung. Begründung: Die Systemumstellung machte die Bezeichnungsveränderung notwendig. Die Kostennachweisbelege weisen aber in eine ganz andere Richtung. Ab diesem Zeitpunkt wurden die Hausmeisterkontrollen Brandschutz eingeführt. Ohne Umbenennung würde jedem Mieter sofort die Doppelabrechnung der Kostenarten Wartung Brandschutzeinrichtung und der Hausmeisterkontrolle Brandschutz auffallen. Äußerst auffällig sind die Kostenrelationen und die Kostensteigerungen:

Kostenposition	2015/2016	2016/2017	2017/2018
Wartung Löscheinrichtung	1844,18 €	682,88 €	968,09 €
Hausmeisterkontr. Brandschutz	790,50 €	948,60 €	948,60 €
Gesamt	2634,68 €	1631,48 €	1916,69 €

Hauswart (ab 2017/2018: Hauswart/Objektbetreuer)

Eine besonders originelle Begründung der Rechtmäßigkeit der Kostenart Hauswart ist die Behauptung (Schreiben vom 07.12.2017): *Es werden hier nur Kosten berücksichtigt, die für jene Arbeiten anfallen, die den bestimmungsmäßigen Gebrauch (...) und ordnungsgemäße Benutzung des Grundstückes und des Gebäudes gewährleisten.*

Eindeutiger ist die Festlegung der Betriebskostenverordnung §2, (2) (Auszug).

Zu den Betriebskosten gehören nicht:
2. Die Kosten, die während der Nutzungsdauer zur Erhaltung des bestimmungsmäßigen Gebrauchs aufgewendet werden müssen, um die durch Abnutzung, Alterung und Witterungseinwirkung entstehenden (...) Mängel zu beseitigen (...).

Hier prallen Rechtsmeinung und Rechtslage frontal aufeinander. Die Vonovia-Kreativität begründet die Rechtmäßigkeit einer Kostenart mit der gleichen inhaltlichen Formulierung wie die BetrKV die Kostenart sachlich als nicht zu den Betriebskosten gehörend einstuft.

Die Kosten für den Hauswart werden ausschließlich durch Kontrollen generiert, die der Feststellung von Mängeln oder der Qualitätssicherung dienen. Alle Standardkontrollen haben die gleiche Funktion: Gewährleistung des bestimmungsmäßigen Gebrauchs des Grundstückes und des Gebäudes während der Nutzungsdauer.

In der aktuellen Abrechnung 2017/2018 sieht das so aus:

Kontrollen des Hauswartes/ Objektbetreuers	gesondert abgerechnete Kosten typischer Hausmeistertätigkeiten
Kosten gesamt 14653,91 €	Gartenpflege: 519,25 €
	Winterdienst: 2063,26 €
	Hausreinigung: 15332,39 €
	u. a.

In den Betriebskostenabrechnungen hat sich die Kostenart Hauswart zur wirkungsvollsten Stellschraube bei der Gewinnmaximierung entwickelt. Dieser Prozess hat mit kreativem Denken und Handeln nichts zu tun, sondern ist das bedauerliche Ergebnis einer vorgefassten und starren Rechtsmeinung in Übereinstimmung mit einer irrelevanten Kostenberechnung.

Wahrung des Grundsatzes der Wirtschaftlichkeit

Beim Grundsatz der Wirtschaftlichkeit handelt es sich um eine sogenannte Nebenpflicht des Vermieters. Diese Pflicht ist nicht direkt vertraglich festgelegt, bedeutet jedoch, dass der Vermieter auf die wirtschaftlichen Interessen des Mieters Rücksicht nehmen muss.

Der Grundsatz der Wirtschaftlichkeit wurde für die Betriebskosten gesetzlich festgeschrieben:

- § 556 BGB: Über die Vorauszahlungen der Betriebskosten ist jährlich abzurechnen; dabei ist der Grundsatz der Wirtschaftlichkeit zu beachten.
- § 560 BGB: Bei Veränderungen der Betriebskosten ist der Grundsatz der Wirtschaftlichkeit zu beachten.

Damit Mieter ihrer Beweispflicht bei Verstößen gegen den Grundsatz nachkommen können, gibt es das Recht auf Belegeinsicht. Mieter haben den gesetzlichen Anspruch darauf, dass der Vermieter ihnen alle Rechnungen, Verträge, Nachweise etc. zu seiner Betriebskostenabrechnung zugänglich macht. Verweigert der Vermieter diese Pflicht, können sie die Vorauszahlung einbehalten und auf Belegeinsicht klagen. Ganz allgemein gilt:

Wirtschaftlichkeit = einen bestimmten Erfolg mit geringstmöglichem Mitteleinsatz zu erreichen (Nutzen-Kosten-Verhältnis).

Diese Prüfung auf Einhaltung des Grundsatzes der Wirtschaftlichkeit bei der Abrechnung der Kostenart Hauswart ergibt folgendes Ergebnis:

Abrechnungen	Ergebnis/Erfolg	Kosten
2014/2015	Mieterzufriedenheit	5184,60 €
2015/2016*	Stark abfallendes Niveau, sichtbare Verschlechterung der Ordnung und allgemeinen Zustandes des Gebäudes und der Außenanlage	20157,60 €
2016/2017*		13754,67 €
2017/2018*		14653,91 €

* Das Wirtschaftlichkeitsprinzip wurde nicht berücksichtigt

Eine Vervielfachung der Hauswartkosten bei Durchführung typischer Hausmeisterleistungen durch andere bei gleichzeitiger Freisetzung eines bisher angestellten Hausmeisters verstößt gegen das Wirtschaftlichkeitsgebot. Eine Verletzung liegt auch vor, wenn ungelernte Arbeitskräfte für das gleiche Arbeitsentgelt des Kontrollbeauftragten eingesetzt werden.

Auch diese Kostenumlagen auf die Miete, die ausschließlich nur durch Kontrollen des Hausmeisters generiert wurden, verstoßen gegen den Grundsatz der Wirtschaftlichkeit, z.B.:

Abrechnung	Datum	Tageseinnahme	Stundensatz
2015/2016	21.01.2016	580 €	72,50 €
2016/2017	03.01.2017	580 €	72,50 €
2017/2018	22.01.2018	553 €	69,13 €

Solange die Hauswartkosten als Produkt von der Anzahl willkürlich festgelegter Einzelkontrollen und dem Kontrollkostensatz errechnet werden, kann das Wirtschaftlichkeitsprinzip nicht eingehalten werden.

Wird diese Methode der Wirtschaftlichkeitsbetrachtung bei den Kosten Aufzugsanlage angewendet, wird ein erschreckendes Bild sichtbar:

Abrechnung	2015/2016	2016/2017	2017/2018
Betriebsbereitschaft	12 Monate	1 Monat	2 Monate
Kosten ges.	4485,06 €	4518,09 €	4016,79 €
Kosten pro Monat	373,76 €	4518,09 €	2008,40 €
Wirtschaftlichkeitsprinzip	gewährleistet	nicht* eingehalten	nicht* eingehalten

*Begründung: Der Wartungsvertrag berücksichtigt keine Betriebsstilllegung

Auf meine deutliche Kritik, dass die Nebenkostenabrechnungen gegen den Grundsatz der Wahrung des Wirtschaftlichkeitsprinzips verstoßen, folgte am 20.02.2020 prompt die Behauptung: *Hierzu haben wir uns bereits geäußert. Wir haben dem nichts hinzuzufügen.*

In Wahrheit hat sich Vonovia auf diese Kritik mir gegenüber noch nie eingelassen, sonst müsste sie selber darauf kommen, dass die erzielte Wirtschaftlichkeit (Gewinnmaximierung) für das Unternehmen erhebliche Mehrkosten und Enttäuschungen für die Mieter bedeutet. Der Grund war die stetige Verschlechterung des Gebäudezustandes bei gleichzeitiger Intensivierung der Hausmeisterkontrollen und der damit verbundenen nicht nachvollziehbaren Kostenerhöhung.

Entschuldigungen

So wie die Stellungnahmen zu den Wider- und Einsprüchen unvollständig und widersprüchlich waren und Entscheidungen nicht nachvollziehbar begründet wurden, so vielfältig waren auch die Entschuldigungen für Fehler und Versäumnisse bei der Bearbeitung meiner Anliegen. Die am häufigsten geäußerten Entschuldigungen waren die für die verspätete Bearbeitung meiner schriftlich eingereichten Anliegen. Bisheriger Spitzenreiter, der für die *Bearbeitung der Angelegenheit noch einige Zeit in Anspruch nehmen wird,* war die Antwort vom 07.12.2017 auf meinen Widerspruch zur Betriebskostenabrechnung 2015/2016.

Diese überlange Bearbeitungszeit von gut elf Wochen wird nur von der Wartezeit auf Antwort meines Einschreibens an den Vorstandsvorsitzenden vom 09.09.2019 übertroffen. Dieser Champion mit seiner klaren Ansage und die darauffolgenden Pflichtantworten vom 07.02.2020 sind einzigartig und haben es verdient, wenigstens auszugsweise vorgestellt zu werden. (Anlage 9)

Die folgenden Beispiele von schriftlichen Entschuldigungen sind keine überzeugenden Antworten auf meine Kritiken und Anliegen. Sie drücken die deutliche Absicht aus, einseitig, entschieden und abrupt das Problem aus der Welt zu schaffen.

12.12.2016 zum Ausfall des Aufzuges:
Da es sich um einen Getriebeschaden handelt, ist die Reparatur äußerst aufwendig. Die Beschaffung des speziellen Ersatzteils wird eine längere Zeit in Anspruch nehmen. Aus diesem Grund konnte die Reparatur bisher nicht durchgeführt werden.

07.12.2017 zum Widerspruch der Nebenkostenabrechnung 2015/2016:
Leider ist uns bei der Berechnung der Kosten für die Wartung elektrische Türen ein Fehler unterlaufen. Ihren Anteil an den Gesamtkosten schrei-

ben wir Ihrem Mietkonto gut. Bei den Kosten der Wartung der Löscheinrichtung wurden höhere Kosten abgerechnet. Die Differenz zur Abrechnung haben wir Ihrem Mieterkonto gutgeschrieben.

05.02.2018 zu den Kostenarten Wartung elektrische Türen und Wartung Löscheinrichtung:
Eine Kostenumlage erfolgte bisher nicht, da die Kostenposition „Wartung elektrische Türen" nicht im Mietvertrag vereinbart wurde. Entgegenkommend und ohne Anerkennung einer Rechtspflicht werden wir Ihrem Mieterkonto den Betrag gutschreiben. Weiter heißt es: *Die Bezeichnung der Kostenart „Wartung Löscheinrichtung" wurde mit unserer Systemumstellung notwendig geändert.*

Unsere Information auf Seite 7 der Betriebskostenabrechnung: *(...) die Wartungen der Löscheinrichtungen werden nur alle zwei Jahre durchgeführt, dadurch schwanken die Kosten in jedem Abrechnungsjahr,* ist leider falsch. (Gutschrift vom 07.12.2017 wurde nach unten korrigiert.)

23.04.2018 zur Kostenart Wartung Löscheinrichtung:
Die Korrektur der fehlerhaften Rechnungslegung vom 11.10.2016 erfolgte bisher noch nicht. Der korrigierte Differenzanteil wird Ihrem Mieterkonto gutgeschrieben.

25.05.2018 zur Kostenart Hauswart:
Gern haben wir Ihr Anliegen zu den Hauswartkosten (...) beantwortet. Weiter heißt es: *Uns ist sehr daran gelegen, dass die Angelegenheit für Sie nun einen schnellen Abschluss findet. Daher bieten wir Ihnen an, einen Betrag von 150,00 € aus der Betriebskostenabrechnung 2015/2016 zu erlassen.*

12.10.2018 zu meinem Schreiben an den Aufsichtsrat sowie an den Vorstandsvorsitzenden:
Wir bedauern, dass es zwischenzeitlich zu keinem gemeinsamen Gespräch mit unserer Regionalleitung gekommen ist. Selbstverständlich stehen wir zu unserem Wort und bieten Ihnen eine Aussprache an. Weiter heißt es:

Für die Ihnen durch den Ausfall der Aufzugsanlage entstandenen Unannehmlichkeiten haben wir einen Mietminderungsbeitrag für die kumulierte Gesamtausfallzeit von 5 Monaten errechnet und auf das Mieterkonto gutgeschrieben (tatsächlich betrug die Gesamtausfallzeit 22 Monate).

Die Ihnen durch die Lärmbelästigung bei der Leerwohnungssanierung entstandenen Unannehmlichkeiten bedauern wir sehr. Die Mietminderungsquote von 15 % haben wir dem Mieterkonto gutgeschrieben.

09.11.2018 zu meinem Schreiben vom 22.10.2018:
Wir können Ihre Verärgerung gut nachvollziehen, dass wir nicht auf Ihre Hinweise zu der Betriebskostenabrechnung 2015/2016 eingegangen sind. Sie haben Recht. Hier haben wir Ihnen leider fehlerhafte Belege zugesandt.

Bei der erneuten Belegzusammenstellung* ist uns aufgefallen, dass bei der Archivierung der Belege ein Fehler vorgekommen ist und wir Ihnen nicht mehr alle abrechnungsrelevanten Belege zur Verfügung stellen können. (*Hauswartkosten)

15.08.2019 zu den Betriebskostenabrechnungen 2015/2016, 2016/2017 und 2017/2018:
Wir bedauern sehr, dass in Ihren bisherigen Kontaktaufnahmen mit uns Ihre Anliegen nicht vollumfänglich beantwortet wurden. Gerne nehmen wir nun zu den von Ihnen benannten Themen wie folgt Stellung. Beispiel aus der Stellungnahme zur Hauswartleistung:

Die Position 1.10: Reinigung der Fußabtritte im Bereich von Außentüren und Kellertreppen wurde herausgenommen. Sie und Ihre Mitmieter werden wir in einem gesonderten Schreiben über die Details der Korrektur informieren. Für dieses Versehen und für die hierdurch entstandenen Unannehmlichkeiten bitten wir in aller Form um Entschuldigung.

07.12.2019 zur konkludenten Zustimmung der Mietanpassung zum 01.09.2019 durch Zahlung der erhöhten Miete:
Bezugnehmend auf Ihren aktuellen Einspruch bestätigen wir Ihnen, dass die Überweisung der erhöhten Mietzahlung unter Vorbehalt erfolgte, sodass wir die Aktivierung der Zustimmung rückgängig gemacht haben.

Ist das nun eine Entschuldigung, die Korrektur eines Versehens oder die grundlegende Änderung der bisherigen Rechtsmeinung?

Der Versuch, meine ausdrückliche Willenserklärung zu manipulieren und sie als vollumfängliche, uneingeschränkte Zustimmung gemäß §558 BGB zu deklarieren, ist eine bemerkenswerte Aktion der Überrumpelung und Überheblichkeit. Sie drückt die deutliche Geringschätzung und Missachtung gegenüber meiner Person aus.

20.01.2020 zu den Kritiken, die im Dresden-Fernsehen ausgestrahlt wurden. Die Reaktion ließ nicht auf sich warten, sie war kurz und knapp:
Bitte entschuldigen Sie unser Versehen. Die Korrekturen werden in der kommenden Abrechnung mit gesondertem Ausweis erfolgen. Gemeint sind die fehlerhaften Abrechnungen in der Kostenart Hauswart für die Zeiträume 2016/2017, 2017/2018 und 2018/2019.

Die erhebliche Anzahl und die breit gefächerten Aussageninhalte der Entschuldigungen widerspiegeln die fachliche Kompetenz und eine mangelnde Verantwortungsbereitschaft bei der Bearbeitung der Mieteranliegen. Es wird aber auch deutlich, dass diese Art von Kommunikation die Funktion einer formalen Höflichkeit übernimmt bei gleichzeitiger Hinhaltetaktik bis zum Aussitzen.

Mit Schreiben vom 07.02.2020 kam nun das endgültige Vonovia-Aus. Es wird für mich von Vonovia keine Einlassungen mehr auf eine sachliche Auseinandersetzung zu Themen geben, die vom Vonovia-Kundenservice bearbeitet wurden. Zur Klärung wird alternativ eine gerichtliche Überprüfung vorgeschlagen.

Kostenentwicklung der Wohn- und Außenflächen

Ein Vergleich zwischen der Grundmiete [€/m²] und den Flächenkosten pro m² des Außenbereichs spricht eine deutliche Sprache. Die Zusage, die Grenzen und damit die Flächenrelationen des Grundstückes bekanntzugeben, wurde nicht erfüllt. Die amtliche Fläche des Flurstücks 471 wird mit 1767 m² angegeben. Wird von dieser Grundstücksgesamtfläche die Gebäudegrundfläche abgezogen, so ergibt das eine Außenfläche von 1115 m².

Mieterhöhung	Modernisierung gemäß	Grundmiete €/m²	Flächenkosten Außenbereich²
		5,10	0,23 €/m²
ab 01.10.2018	§559 BGB	5,12	
Ab 01.05.2019	§559 BGB	5,23	
Ab 01.09.2019	§558 + §559 BGB	5,34	0,37 €/m²
Steigerung auf		105 %	161 %

Die Angaben der Flächenkosten ergeben sich aus den Gesamtkosten der Kostenarten: Außenanlage, Straßenreinigung und den Kontrollkosten des Hauswartes im Außenbereich entsprechend der Betriebskostenabrechnungen 2013/2014 und 2017/2018.

Deutlich ist erkennbar, Kostenarten lassen sich schneller neu erfinden, ihre Gesamtkosten unkompliziert erhöhen und sie für umlagefähig erklären, als Mieterhöhungen mietrechtlich durchzusetzen.

Modernisierung 2018

Die beiden Modernisierungsmaßnahmen 2018 wurden blitzartig und sachlich fragwürdig angekündigt, sehr schnell durchgezogen und auch die Mieterhöhungen ließen nicht auf sich warten. Der Verdacht, dass die bekanntgewordene gesetzliche Absenkung der Umlagehöhe ab 2019 eine Rolle dabei spielt, hat sich bestätigt. Anlass der Modernisierung 2018 war die strategische Gewinnoptimierung und nicht die Realisierung der in den Ankündigungen formulierten Ziele. Die Dresdner Sozialcharta (Anlage 10) und die Ergänzung zum Mietvertrag (Anlage 11) regeln unmissverständlich die Rechte und Pflichten der Betroffenen (Vermieter und Mieter) bei Modernisierungsmaßnahmen.

Die Ankündigung der Modernisierungsmaßnahme Installation von Rauchwarnmeldern wurde mit dem Schreiben vom 25.04.2018 wie folgt begründet: *Ihre Vermieterin wird im Interesse Ihrer Sicherheit auch Ihre Wohnung mit Rauchwarnmeldern ausstatten.*

Die Erhöhung der Grundmiete wurde gemäß § 559 BGB nach Fertigstellung der baulichen Veränderung berechnet und als Forderung erhoben. Der § 559 BGB *Mieterhöhungen nach Modernisierungsmaßnahmen* setzt aber die Einhaltung des § 555b BGB *Modernisierungsmaßnahmen* voraus. Hier sucht man den Ankündigungsgrund Verbesserung der Sicherheit vergeblich! Die bloße Aufzählung der baulichen Maßnahmen, die entsprechend § 555b BGB als Modernisierungsmaßnahmen möglich sind, erfüllt nicht den § 559 BGB!

Fakt ist:
- Der Ankündigungsgrund „Erhöhung der Sicherheit" wird nicht vom § 559 BGB im Sinne des § 555b BGB gedeckt,
- die Modernisierungsmaßnahme wurde im Ankündigungsschreiben keiner baulichen Veränderung gem. § 555b BGB konkret zugeordnet,

- die im Januar 2019 nachgeholte Begründung des Einbaus des Rauchwarnmelders als Verbesserung der allgemeinen Wohnverhältnisse sowie der nachhaltigen Erhöhung des Gebrauchswertes der Mietsache ist nicht überzeugend und bleibt weiterhin nur eine pure Behauptung.
- In Sachsen gab es keine gesetzlich vorgeschriebene Installationspflicht für Rauchwarnmelder in Bestandswohnungen.

Ist es wirklich die große Sorge des Vermieters, dass: *Jeden Monat verunglücken in Deutschland ca. 40 Menschen tödlich durch Brände, die meisten davon in den eigenen vier Wänden. Die Mehrheit stirbt an einer Rauchvergiftung. Zwei Drittel aller Brandopfer wurden nachts im Schlaf überrascht. Da bereits das Einatmen einer Lungenfüllung mit Brandrauch tödlich sein kann, ist ein Rauchwarnmelder der beste Lebensretter (…)* oder spielen nicht doch finanzpolitische Ziele die größere Rolle?

Wenn die Sorge ernst gemeint ist, dann erhebt sich die Frage, warum wurde diese lebensrettende Modernisierung nicht, wie von der Regionalleitung am 14.03.2019 angekündigt, in den beiden parallel stehenden Wohnhochhäusern durchgeführt? Sollte das wesentlich höhere Durchschnittsalter der Mieter unseres Hauses „Wohnen in Geborgenheit" der Grund für diese humane Modernisierung sein?

Die Ankündigung vom 04.06.2018 zur Modernisierung der von mir bewohnten Wohnung lief noch verrückter. Die *Maßnahme zur Verbesserung der Mietsache Erstmaliger Einbau einer Videosprechanlage* wird begründet mit *Einsparung und Verbesserung des Wärmeschutzes*. Diese geplante Zielsetzung, die durch den Einbau der Anlage erreicht werden soll, ist nicht nur sachlich falsch, sondern stellt deutlich die Frage nach der fachlichen Kompetenz des Autors der Ankündigung sowie der Verteidiger dieser „energetischen Modernisierung".

Ein Sammelwiderspruch der Mieter des Wohnhochhauses vom 28.07.2018 gegen den Einbau der Videosprechanlage wurde nicht bearbeitet und nicht beantwortet. Meine Widersprüche veranlasste die Korrektur der o. g. mietrechtlichen Begründung, es wurde die Maßnahme in *Energetische Modernisierung* umbenannt, um damit Gesetzesnähe zu erreichen. Die neue Bezeichnung ist noch unkonkreter als vorher, weil sie jetzt in einem Sammelbecken irrelevanter Effekte unauffindbar verschwindet, jeder kann sich bei der Suche von Begründungen nach Belieben bedienen. Einen Nachweis über die vorausgesagte Energieeinsparung gibt es nicht, sie ist auch objektiv nicht möglich. Alle Mieter und Besucher des Wohnhochhauses werden vorsorglich und deutlich vor Gebrauch der neuen modernen Videosprechanlage mit diesem Hinweisschild gewarnt:

> **Achtung!**
>
> **Nach dem Anklingeln eines Mieters, bitte keine anderen Klingeltasten betätigen.**
>
> Ansonsten ist eine Sprechverbindung nicht möglich und die Tür kann nicht geöffnet werden.

Auch hier müsste es statt Klingeltasten richtiger Klingelknöpfe heißen, denn bei dieser Modernisierungsmaßnahme wurde die alte mechanische Klingelknopftafel im Eingangsbereich wiederverwendet. Halbmodernisierungen dieser Art haben eben auch technische Grenzen, besonders wenn es sich um ein Wohnhochhaus handelt. Nach diesem Teileaustausch der Innenstationen in den einzelnen Wohnungen entsteht unüberhörbar die Frage: Wird das Überstülpen der funktionstüchtigen Gegensprechanlage mit einer Videosprechanlage Siedle Basic VIB 150-0 überhaupt dem Modernisierungsanliegen in einem Wohnhochhaus mit 135 Wohneinheiten und einer hohen Besucherfrequenz gerecht oder ist diese Maßnahme nur eine für die Zukunft nachhaltige Finanzinvestition?

Zur Modernisierung 2018 gehört aber noch eine mietrechtliche zweite Seite. Aufgrund der durch den Stadtrat verabschiedeten „Dresdner Sozialcharta" hat die WOBA als Vermieterin ihren Mietern am 26.06.2006 ein Angebot zur Ergänzung des Mietvertrages schriftlich unterbreitet:

Für die Dauer des Mietverhältnisses wird auf Luxusmodernisierung verzichtet. Ausgenommen hiervon sind zu duldende Modernisierungsmaßnahmen, die dem Vermieter kein Recht zur Erhöhung der Miete gem. § 559 BGB geben. Klar und deutlich und auch vertrauenerweckend waren diese schriftliche Mietvertragsergänzungen der WOBA leider nur bis zu den Mieterhöhungsforderungen zum 01.10.2018 und zum 01.05.2019. Begründet wurden beide Aktionen mit dem § 559 BGB Mieterhöhung nach Modernisierungsmaßnahmen. Alle Hinweise auf die mietvertragliche Ergänzung und den garantierten Schutz der Altmieter gemäß Sozialcharta wurden missachtet oder ignoriert. Nach wie vor gilt die monotone VONOVIA-Stallorder*: (…) da es keine Luxusmodernisierungen, aber bauliche Maßnahmen sind, die mietrechtlich als Modernisierung gelten, entspricht die geforderte Mietanhebung den gesetzlichen Vorschriften und wird in vollem Umfang aufrechterhalten.* Das heißt also mit anderen Worten, außer Luxusmodernisierungen können bauliche Maßnahmen durchgeführt werden, die dann als Modernisierungen eingestuft werden, und die Kosten dürfen auf die Mieter in vollem Umfang umgelegt werden, und das trotz des verbrieften Mieterschutzes.

Diese einseitige mieternachteilige Auslegung durch den Verwaltungsbevollmächtigten erfolgte natürlich im Namen und für Rechnung für SÜDOST WOBA DRESDEN GMBH.

Er tritt den schriftlich zugesicherten Mieterschutz in der Ergänzung des Mietvertrages vom 26.06.2006 mit Füßen und setzt ihn außer Kraft. Wie ist das möglich, dass der Rechtsnachfolger und Verwaltungsbevollmächtigte der WOBA im Namen der WOBA als Vermieterin, die ihren Mietern den zitierten Rechtsschutz für die Dauer des Mietverhältnisses garantiert, diese mietvertragliche Vereinbarung ignorieren kann?

Der § 555b BGB „Modernisierungsmaßnahmen" thematisiert in den Absätzen 1. bis 5. die baulichen Veränderungen, die als Modernisierungsmaßnahmen zugelassen sind. Hier wird eindeutig als Bedingung die Nachhaltigkeit der Ressourceneinsparung, die Gebrauchswerterhöhung der Mietsache oder die Verbesserung der Wohnverhältnisse vorausgesetzt. Die gesetzlich geforderte Nachhaltigkeit stellt sich zukunftsorientiert und dauerhaft nur in den erhöhten Mieteinnahmen ein, Monat für Monat, Jahr für Jahr.

Die neueste und denkwürdigste Begründung, dass der Ersteinbau der Videosprechanlage im Sinne des § 559 BGB erfolgte, lautet (Schreiben vom 07.10.2019): *Bedingt dadurch, dass die vorhandene Gegensprechanlage demontiert und durch eine Videosprechanlage ersetzt wurde, liegt hier zweifelsfrei eine Modernisierung vor, (…).*

Meine Hochachtung zu diesen konsequenten und folgerichtig durchgeführten Arbeitsschritten. Die Demontage der alten vor dem Einbau einer neuen Anlage ist immer die richtige und auch logische Arbeitsreihenfolge, allerdings ist diese erzwungene bauliche Veränderung nicht zwangsläufig eine Modernisierung gemäß § 559 BGB, wie behauptet wird.

Mieterhöhungen

Wenn innerhalb von elf Monaten drei Mieterhöhungsforderungen (zum 01.10.2018, 01.05.2019 und zum 01.09.2019) in die Wohnzimmer der Mieter flattern, darf man doch wohl diese äußerst bezeichnenden Vermieteraktionen hinterfragen.

Die beiden Mieterhöhungen nach den Modernisierungsmaßnahmen 2018 stehen mit 10,22 €/Monat zu Buche. Die geforderte Mieterhöhung nach dem Einbau der Videosprechanlage und der mieterhöhende Modernisierungsanteil sind größer als 10% gegenüber den voraussichtlich angekündigten Kosten – das ist nicht zulässig! Und noch etwas: Die deutliche Kritik, dass mit der zeitlich schnellen hintereinander folgenden Durchführung der Modernisierungsmaßnahmen 2018 die Absenkung der gesetzlichen Umlagehöhe auf 8% ab 2019 umgangen werden sollte, wurde vehement von der VONOVIA-Regionalleitung mit folgender Begründung bestritten: Um diesen Vorwurf von vornherein nicht aufkommen zu lassen, wurde festgelegt, dass die neue gesetzliche Umlagehöhe von 8% als Grundlage für die Berechnung der Mieterhöhung zum 01.05.2019 genommen wird.

Die Berechnung der Mietanhebung vom 25.02.2019 lautet aber: *Gemäß § 559 BGB dürfen 11% der für Ihre Wohnung entstandenen Modernisierungskosten geltend gemacht werden.*

In der Ankündigung der Modernisierung vom 04.06.2018 heißt es:

- Kosten in Höhe von 83.300 € können mieterhöhend geltend gemacht werden und
- die voraussichtliche Mieterhöhung monatlich beträgt 8,39 Euro.
- Tatsächlich wurden aber die:
  Kosten in Höhe von 94.525,42 €* mieterhöhend angesetzt und
- Veränderung der Grundmiete wurde auf 9,23 €/Mon. berechnet.

Die Überziehungen wurden nicht begründet oder nachgewiesen. In der Kostenzusammenstellung und Berechnung der Mieterhöhung wurden die Kostenpositionen mit folgenden Sammelbegriffen bezeichnet:

- Erstmaliger Einbau einer Videosprechanlage (83.517,27 €)
- Baunebenkosten (11.008,15 €)

Einzelpositionen zu den in Rechnung gestellten Sammelkosten wurden nicht ausgewiesen. Die beiden Kostenpositionen in der Ankündigung sind nicht eingehalten worden. Irreführender, widersprüchlicher und nachteiliger für die Mieter geht es nicht. Seit dem Einbau der Videosprechanlage im September 2018 sind die Bohrlöcher der demontierten Gegensprechanlage immer noch vorhanden.

Einen Versuch ist es wert, die Veränderung der Grundmiete wegen Modernisierung vom 25.02.2019 nachzuvollziehen. Der § 559, (1) BGB legt aber auch fest: Hat der Vermieter Modernisierungsmaßnahmen im Sinne des § 555b (...) durchgeführt, so kann er die jährliche Miete um 11 % der für die Wohnung aufgewendeten Kosten erhöhen.

Die Mieterhöhung wurde mit der gleichen Rechenlist wie die anteiligen Kosten in der Betriebskostenabrechnung durchgezogen:

1. Zähler so groß wie möglich: Statt der angekündigten 83.300 € mieterhöhenden Kosten wurden 94.525,42 € angesetzt.
2. Nenner so klein wie möglich: Statt 135 Wohneinheiten x 12 Monate (= 1620) wurde das Wohnflächenverhältnis (Abrechnungseinheit A zu Wohnungsfläche) x 12 Monate (= 1065,8) angesetzt, obwohl die aufgewendeten Kosten für alle Wohneinheiten gleich sind.
3. Die Begründung der Modernisierungsmaßnahme „Einsparung und Verbesserung des Wärmeschutzes" ist objektiv nicht realisierbar und deshalb keine energetische Modernisierung, sie ist und bleibt eine Täuschung der Mieter.

4. Bei 8% Umlage als Berechnungsgrundlage, wie von der Vonovia-Regionalleitung festgelegt wurde, würde die Veränderung der Grundmiete wesentlich geringer ausfallen.

Zum Vergleich: Bei der Installation der Rauchmelder wurden zur Berechnung der Mieterhöhung gemäß § 559 BGB die Kosten der Warnmelder pro Wohnungseinheit als Grundlage genommen, also die wirklich aufgewendeten Kosten für die einzelnen Wohnungen.

Die Mietanpassung zum 01.09.2019 sollte noch kreativer durchgezogen werden als die der beiden Modernisierungsvorgänger 2018.

Lassen wir uns die wohnwerterhöhenden und die wohnwertmindernden Merkmale der Mietwohnung auf der Zunge zergehen. Auszug aus der Ermittlung der Vergleichsmiete vom 21.06.2019:

Wohnwerterhöhende/-mindernde Merkmale	Punkte
Kein Zubehörraum (Keller, Bodenkammer)	-1
Kein Fenster in Bad und/oder Köche	-1
Kein Balkon	-1
Wohnung schwellenfrei	1
Video- Wechselsprechanlage	1
Summe	-1

Die eingebaute Video-Wechselsprechanlage wird werterhöhend mit einem Pluspunkt ausgewiesen und kompensiert damit ein mietwertminderndes Merkmal. Die Summe aller gegeneinander aufgewogenen Wohnungsmerkmale ist dank dem Neu- und Ersteinbau der Videosprechanlage minus Eins. Mit diesem Faktor ergibt die Berechnung der Vergleichsmiete 5,34 €/m².

Zur Erinnerung, zum 01.05.2019 wurde die Grundmiete durch die gleiche bauliche Veränderung, Austausch der Gegensprechanlage, gegen eine Videosprechanlage schon wirkungsvoll erhöht. Das Urteil (LG Berlin, Az.65 S 240/15) macht zu diesem Doppelmieterhöhungsverlangen eine klare und eindeutige

Ansage: „Nach einer Modernisierung kann der Vermieter wählen, ob er einen jährlichen Modernisierungszuschlag verlangt oder ob er die Miete auf die ortsübliche Vergleichsmiete erhöht und zwar aufgrund des neuen Ausbaustandards. Beides zugleich geht jedoch nicht." Das bedeutet, alternativ kann die Mieterhöhung nach einer Modernisierung gemäß § 559 BGB oder gemäß § 558 BGB Mietanpassung bis zur ortsüblichen Vergleichsmiete erhöht werden.

Erhöhung der Grundmiete	nach	auf €/m²	Beginn
Modernisierung [1]	§ 559 BGB	5,23	01.05.2019
Mietanpassung und Modernisierung [2]	§ 558 BGB § 559 BGB	5,34	01.10.2019
Mietanpassung [3]	§ 558 BGB	5,25	entfällt

[1] nach Ersteinbau der Videosprechanlage
[2] Mietanpassung mit Einbeziehung von [1]
[3] Mietanpassung ohne Einbeziehung von [1]

Das Ergebnis ist deutlich. Die Doppelmieterhöhung nach dem Einbau der Videosprechanlage und der Mietanpassung mit dem nun neuen Ausstattungsstandard bestätigt die rücksichtslose Einnahmementalität. Bei der Berechnung der Mietanpassung gem. § 558 BGB erhält man ohne Berücksichtigung der Videosprechanlage die Differenz von 0,09 €/m² Grundmiete. Bei einer Wohnungsgröße von 60m² bis 80 m² macht das Mehrkosten von 5,40 €/m² bis 7,20 €/m² pro Monat aus. Die geforderte Zustimmungserklärung zum Mieterhöhungsverlangen zum 01.10.2019 habe ich aus den genannten Gründen bis zur Klarstellung nicht erteilt.

Um nicht in Mietrückstand zu geraten, habe ich unter Vorbehalt die erhöhte Miete überwiesen. Erstaunt war ich über die sofortige und inhaltlich beeindruckende Empfangsbestätigung vom 06.12.2019: *Der „Mietanpassung zum 01.09.2019" haben Sie konkludent durch Zahlung der erhöhten Grundmiete um 8,86 € zugestimmt. Wir bedanken uns für Ihre Zahlung. Das Mietanhebungsverfahren ist abgeschlossen.*

Fakt ist, wird die notwendige Zustimmung zur Mieterhöhung gemäß § 558 BGB durch einen Vorbehalt eingeschränkt, wird das juristisch als eine nicht erteilte Zustimmung gewertet, aber eine einmalige unter Vorbehalt gezahlte Miete soll konkludent die eindeutig nicht erteilte Zustimmung ersetzen – welch eine fantastische rechtliche Auslegung!

Das schriftliche Versprechen in der Mietanpassungsforderung wurde nicht eingehalten (Angebot): *Sollten Sie berechtigte Gründe gegen die Mieterhöhung haben, ist es wichtig, dass wir diese kennen. Bitte teilen Sie uns Ihren konkreten Einwand schriftlich mit. Wir werden Ihnen auf jeden Fall eine Antwort geben.*

Auf meinen energischen Widerspruch zur Manipulation meiner Zustimmung zur Mietanpassung wurde mit Schreiben vom 17.12.2019 mitgeteilt, *dass wir die Aktivierung der Zustimmung rückgängig gemacht haben.* Weiter heißt es: *Dennoch teilen wir Ihnen erneut mit, dass unsere Mietanpassung gemäß § 558 BGB in allen Punkten den gesetzlichen Anforderungen entspricht.*

Mit dem Schreiben vom 24.01.2020 wird *die vorgenannte Mietanpassung aus Kulanz und – ohne Anerkennung einer Rechtspflicht – zurückgenommen.*

Mietminderung aufgrund des Ausfalles der Personenaufzugsanlage

Am 08.11.2016 fiel die Personenaufzuganlage endgültig aus. Dieser unzumutbare Zustand deutete sich schon lange vorher durch technische Störungen, Geräusche während der Fahrt und Betriebsstilllegungen an. Auf Eingaben und Beschwerden unterbreitete Vonovia am 12.12.2016 ein schriftliches Angebot: *Aufgrund des Ausfalls stimmen wir einer Mietminderung in Höhe von 10 % der Kaltmiete zu. Die Gutschrift werden wir nach Abschluss der Reparaturarbeiten Ihrem Mietkonto gutschreiben.*

Die neu eingebaute Aufzugsanlage wurde nach 22 Monaten im August 2018 nach der technischen Überprüfung und der erforderlichen Kennzeichnung wieder in Betrieb genommen. Die dogmatische Entscheidung, dass kumulativ nur fünf Monate Gesamtausfallzeit berechnet wurde und diese für die angebotene Mietminderung anerkannt wird, ist sachlich falsch. Meine Widersprüche gegen die Entscheidungen wurden wie folgt beantwortet:

12.10.2018:

Nach Rücksprache mit unserem Bautechniker vor Ort kam es im Zeitraum von November 2016 bis August 2018 zu einer kumulierten Gesamtausfallzeit von 5 Monaten.

06.12.2018:

Unser technischer Mitarbeiter teilte uns die Zeiträume der Ausfälle mit und errechnete anhand der Daten den Zeitraum von insgesamt 5 Monaten. Hierbei wurde ebenfalls in Betracht gezogen, dass zeitweise einer der beiden Aufzüge funktionierte.

09.01.2019:

Bezugnehmend auf Ihr Schreiben vom 02.01.2019 nehmen wir wie folgt Stellung: (…) Ihr weiteres Anliegen* haben wir an die entsprechende Fachabteilung weitergeleitet. (*zum Ausfall der Aufzugsanlage)

15.08.2019:
Wir haben Ihr Anliegen bezüglich des Aufzugsausfalls erneut geprüft und teilen Ihnen mit, dass wir an unseren Entscheidungen vom 12.10.2018 und 06.12.2018 festhalten. (…) da zeitweise einer der beiden Aufzüge funktionstüchtig war.

Wie soll man diese sich wiederholenden und nicht nachvollziehbaren Entscheidungen verstehen? Mal abgesehen von der scheinbar unlösbaren Schwierigkeit die Ausfallzeit rechnerisch zu bestimmen, der ständige Hinweis auf die zeitweise Funktionstüchtigkeit eines der Aufzüge als Begründung der fünfmonatigen Gesamtausfallzeit erhält den bitteren Beigeschmack von Sachunkenntnis, Arroganz und Verhöhnung. Nun kann man den Begriff „zeitweise" aus unterschiedlichen Perspektiven, aus der Sicht des Betreibers oder aus Nutzersicht bewerten. Tatsache ist, dass das Angebot der Mietminderung vom 12.12.2016 durch den Verwaltungsbevollmächtigten aufgrund des unzumutbaren katastrophalen Zustandes unterbreitet wurde. Diese Situation herrschte nicht nur während der gesamten Reparaturzeit, sondern wurde durch den häufigen Ausfall und die damit verbundene Außerbetriebnahme des zweiten Fahrstuhls für die Mieter des Wohnhochhauses wesentlich verschlimmert.

Mit den Entscheidungen, nur fünf Monate Ausfallzeit der Personenaufzugsanlage anzuerkennen, wird die eigene schriftlich zugesicherte Mietminderung widerrufen und formell außer Kraft gesetzt. Sie ist falsch, unlogisch, unehrlich, nicht nachvollziehbar und vor allen Dingen bewusst zum Nachteil der Mieter des Wohnhochhauses gefällt. Da die getroffene Entscheidung das Ergebnis einer Berechnung ist, habe ich um Vorlage oder Erläuterung der Rechenschritte gebeten, um das kumulierte Ergebnis von fünf Monaten zu verstehen. Bisher erhielt ich keine Antwort und so wurde das eigene schriftliche Mietminderungsangebot vom 12.12.2016 zur Akte gelegt und die Bearbeitung des Anliegens beendet.

Mietminderung wegen Baulärm

Am 21.06.2018 habe ich einen Antrag auf Mietminderung wegen Baulärm schriftlich eingereicht. Der Grund dafür war die Durchführung einer angekündigten Baumaßnahme zum altersgerechten Umbau einer angrenzenden Wohnung. Diese Maßnahme beinhaltete Arbeiten wie Betonsägen, Bohrhämmern, Rausschlagen und Versetzen von Betonwänden und andere Baumaßnahmen mit Pressluftwerkzeugen. Der Aufenthalt in unserer Mietwohnung war durch den Baulärm unerträglich. Die Entscheidungen zum Antrag lesen sich wie folgt:

27.07.2018:
Da diese Arbeiten jedoch zeitlich begrenzt und im Tagesablauf nicht kontinuierlich mit Lärm verbunden sind, stellen wir keine durchgehende Beeinträchtigung der Mietsache dar. Folglich berechtigt dies nicht zur Mietminderung.

16.08.2018:
Die Maßnahme geht mit einer erhöhten Lautstärke einher, jedoch ist diese nicht derart beeinträchtigend, dass der Wohnwert nachhaltig eingeschränkt wird. Unter Berücksichtigung dieser Gesichtspunkte widersprechen wir der von Ihnen angekündigten Mietminderung aus Gründen äußerster Vorsicht, dem Grunde und der Höhe nach.

Nach diesen beiden abschlägigen Entscheidungen auf meinen Antrag kann es nur eine Reaktion geben: Einreichung einer schriftlichen Beschwerde an den Vorstandsvorsitzenden der Vonovia.

Die ablehnende Begründung im Auftrag des Vorstandsvorsitzenden vom 27.07.2018 wegen des nicht vorhandenen kontinuierlichen Lärms ist entsprechend §536 Abs.1 BGB nicht gesetzeskonform. Die Lärmbelästigung wurde als nicht mietminderungswürdig erklärt. Der o.g. Paragraph lässt eindeutig für einen Mietminderungsantrag die objektiv vorhandene Lärmbelästigung zu und die war unüberhörbar täglich gegeben.

Wie zynisch und verhöhnend gegenüber uns Mietern ist diese Entscheidung und wieviel Sachunkenntnis widerspiegelt sie?

Zum Ende des 2. Weltkrieges sind wir oft durch Sirenenalarme und Luftangriffe in die Luftschutzkeller geflohen. Der einhergehende Lärm war erbärmlich und nervenzermürbend, aber zeitlich begrenzt und es war Krieg. Der anhaltende Intervalllärm der Betonbaumaßnahme war wesentlich lauter, direkter, zermürbender und unzumutbar. Dieser Zustand war über die gesamte Tagesarbeitszeit gegenwärtig und über Wochen wirksam. Weitere Auswirkungen habe ich in meinem Schreiben vom 21.06.2018 dargelegt. Meine Frau und ich mussten unsere Wohnung während dieser Zeit verlassen, wir waren den ganzen Tag unterwegs, das Mittagsessen haben wir in Gaststätten zu uns genommen.

Wo war der Objektbetreuer oder Bauleiter während dieser Baumaßnahme? Auf der Suche nach dem Bauleiter war ich in der Wohnung während der Bauarbeiten. Der Baulärm war genauso unerträglich wie in unserer Wohnung, nur die Bauarbeiter trugen Gehörschutz, wir nicht. Eine Verständigung war unmöglich, der Bauleiter war abwesend und keiner konnte darüber Auskunft geben, wie lange diese grausame unerträgliche Baulärmbelästigung noch anhält. Am 12.10.2018 erreichte uns die gute Nachricht:

Die Ihnen entstandenen Unannehmlichkeiten bedauern wir sehr. Wir haben Ihrem Mietkonto, ohne Anerkennung einer Rechtspflicht, einen Betrag von (…) gutgeschrieben. Der entspricht einer Mietminderungsquote von 15 % der Gesamtmiete für die Monate Mai und Juni 2018.

Danke, warum wurde diese Entscheidung erst im dritten Anlauf nach knapp vier Monaten Ärger und erheblichem Papierkrieg so getroffen?

Unfallmeldung

Unfallmeldung an die Vonovia-Regionalleitung Südost-Dresden:
Am 01.12.2018 wollte ich das Mietobjekt Postelwitzer Str.2 gegen 09:25 Uhr verlassen. Beim Betreten des Außenbereichs, unmittelbar im Schwenkbereich der Außentür, rutschte ich aus und stürzte nach links auf die spiegelglatte Eisfläche, die sich großflächig gebildet hatte. Ein Rettungswagen brachte mich in die Notaufnahme der Uni-Klinik Dresden. (Einsatznr.: 241966). Hier wurde ein komplizierter Bruch im Bereich des linken Handgelenkes festgestellt. Nach der Notversorgung wurde der weitere Verlauf der Behandlung wie folgt festgelegt: Operationsvorbereitung am 05.12.2018, Operation am 06.12.2018 (Aufnahmenr.: 63391475). Am 08.12.2018 wurde ich nach Hause entlassen. (Im Rahmen der Nachbehandlung zur Wiederherstellung der Gelenk- und Bewegungsfunktionen wurden physiotherapeutische Maßnahmen verordnet.)

Zu weiteren Aussagen zum Unfall bin ich selbstverständlich bereit. Ich bitte Sie, mir die Versicherungsdaten Ihres Unternehmens zur versicherungstechnischen Bearbeitung und Klärung zu übergeben.

Da keine Reaktion auf diese Unfallmeldung vom 10.12.2018 erfolgte, habe ich einen zweiten Meldeversuch per E-Mail am 30.12.2018 unternommen. Der Anlage habe ich beigefügt: das Rettungsprotokoll vom 01.12.2018, die Notaufnahme-Dokumente sowie die Liegebescheinigung zur stationären Behandlung.

Auch auf diese E-Mail wurde nicht reagiert. Daraufhin habe ich am 07.01.2019 per Einschreiben einen Antrag auf Erstattung von Schmerzensgeld gem. § 235 BGB wegen Unterlassung der gesetzlich vorgeschriebenen Streupflicht des Vermieters an die Regionalleitung übersandt.

Mit Schreiben vom 16.01.2019 erhielt ich von der HDI Global CE, Haftpflichtversicherer der Vonovia Wohnumfeld Service

GmbH, einen mehrseitigen Fragebogen um „nähere Angaben zu Ihrem Schaden zu machen." Die Antworten lauten:

24.01.2019:
Eine Streu- und Räumpflicht setzt eine allgemeine Glättebildung und nicht nur das Vorhandensein vereinzelter Glättestellen voraus. Für die Verletzung der Verkehrssicherungspflicht trägt er die Darlegungs- und Beweislast. Weiter heißt es: *Es existiert von Rechtswegen keine uneingeschränkte Räum- und Streupflicht bei winterlicher Glätte. Vielmehr ist Grundvoraussetzung für Einsetzen der Räum- und Streupflicht das Vorhandensein einer allgemeinen Glätte und nicht nur das Vorhandensein einzelner Glättestellen.*

Auf meine Darlegungs- und Beweispflicht, dass es sich im konkreten Fall um eine allgemeine Glättebildung auf der gesamten befestigten Fläche um das Wohnhaus handelt, wurde nicht eingegangen. Übersandte Wetterrückschaudaten und der von mir benannte Unfallzeuge wurden bei der Entscheidungsfindung zum Unfallgeschehen nicht berücksichtigt. Die nächste Antwort ließ auf sich nicht lange warten:

07.02.2019:
Unsere Versicherungsnehmerin überwacht im Rahmen des ihr obliegenden Winterdienstes ständig die Wetterlage mit Hilfe von professionellen Wetter- bzw. Glättevorhersagen. Für den 01.12.2018 war jedoch ausdrücklich keine Glätte für das Stadtgebiet Dresden vorhergesagt, so dass auch kein Winterdienst notwendig war. Da unsere Versicherungsnehmerin die ihr obliegende Verkehrssicherungspflicht nachweislich eingehalten hat, weisen wir Ihre Ansprüche weiterhin bereits dem Grunde nach zurück. (Der Nachweis wurde nie erbracht.)

Im persönlichen Gespräch mit der Vonovia Regionalleitung Dresden am 14.03.2019 wurde ich informiert, dass mir die Auslagen, die im Zusammenhang mit dem Unfall stehen, rückerstattet werden. Seit diesem Zeitpunkt ist nichts mehr geschehen, keine Begründung für das Schweigen und keine Auslagenrückerstattung.

Die Art und Weise der Unfallbearbeitung, der Information über das Ergebnis und der Realisierung der Entscheidung gleicht den bisher beschriebenen Verfahrensweisen bei der Klärung und Beantwortung von Mieteranliegen – Problem am besten aussitzen oder abwürgen.

Nachwort

Lassen wir den größten Wohnungsvermieter der BRD mit seinem Geschäftsverständnis zu Wort kommen, damit er uns seine Geschäftsphilosophie darstellen kann:

Wir sind nicht nur unserer Gesellschaft, unseren Eigentümern sowie unseren Mitarbeiterinnen und Mitarbeitern gegenüber verpflichtet, sondern in ganz besonderem Maße unseren Mieterinnen und Mietern. Deshalb stehen sie immer im Mittelpunkt unserer Arbeit.
Mit unseren Mieterinnen und Mietern kommunizieren wir auf Augenhöhe. Wir behandeln sie fair und gleichberechtigt und kümmern uns um ihre Sorgen, Nöte und Wünsche.
Deshalb reden wir so früh wie möglich mit ihnen darüber, wie sich Mieten durch die Modernisierung erhöhen und Nebenkosten gesenkt werden können.
Im Mittelpunkt unseres Handelns stehen die Kundinnen und Kunden und ihre Bedürfnisse. Vor Ort kümmern sich Objektbetreuer und eigene Handwerker um die Anliegen der Mieterinnen und Mieter. Diese Kundennähe sichert einen schnellen und zuverlässigen Service und wohnungsnahe Dienstleistungen für mehr Lebensqualität.

Diese Selbstverherrlichung ist abstoßend und arrogant. Solange Vonovia sich in diesem Glanz spiegelt und ihre Selbstdarstellung wie Luftblasen zerplatzt, solange wird es keine gleichberechtigte und auf Augenhöhe geführte lösungsorientierte Auseinandersetzung zwischen Mieter und Vermieter geben.

Ich habe verschiedene Varianten der mündlichen, schriftlichen und auch medialen Kommunikation angewendet, um meine Anliegen als Mieter sachlich mit dem Vermieter zu klären. Wie diese jahrelange Auseinandersetzung gelaufen ist, welche Umwege ich dabei gehen musste, habe ich ausführlich dargelegt.

Solange die Geschäftspraxis mit der Geschäftsphilosophie nicht übereinstimmt, kann sich kein Vertrauensverhältnis zwischen Vermieter und Mieter entwickeln.

Solange Vonovia vorrangig finanzstrategische Ziele mit der Immobilienwirtschaft verfolgt, beschränkt sich die gesellschaftliche Verantwortung des Konzerns nur auf die Gesellschaft der Aktionäre.

Solange Entscheidungen, Begründungen und Abrechnungen nur von Behauptungen statt von fehlerfreien Nachweisen gestützt werden, können Sorgen, Nöte und Wünsche der Mieter nicht kundennah bearbeitet werden.

Solange Vonovia-Mitarbeiter sich vor einer persönlichen Aussprache fürchten und solange der Kundenservice die Funktion eines Kundenabschirmdienstes übernimmt, solange bleibt Kommunikation auf Augenhöhe ein Tanz um den heißen Brei.

Ist es soziale Gerechtigkeit und gleichberechtigte Behandlung, wenn nur Mieter, die Unkorrektheiten in Vermieterforderungen aufdecken, nachweisen und konsequent die Fehlerkorrektur fordern, aus Kulanz einen Vorteil durch eine Gutschrift gegenüber allen anderen Betroffenen erhalten?

Der Verwaltungsbevollmächtigte sollte nie vergessen, dass die Mieter dieses Wohnhochhauses nach dem 2. Weltkrieg unter größten persönlichen Opfern ihre Heimatstadt wieder aufgebaut haben. Sie haben mit ihrer Arbeit die Grundlage für ein schönes Leben in Dresden geschaffen und verdienen es nicht, so verantwortungslos und oberflächlich behandelt zu werden.

Wird die Betriebskostenabrechnung als System betrachtet, dann sind die Kostenarten die Elemente des Systems. Sie sind so miteinander verbunden, dass sie eine zweckgebundene Einheit darstellen. Diese spezifische Verbundenheit wird nun jährlich in einzelnen Positionen begrifflich und inhaltlich verändert und neu bewertet, dadurch kann eine Kostensteigerung möglich sein. Wenn diese wiederholt als korrekt und als umlagefähig erklärt wird, besteht die Gefahr, dass die ständige systematische und zielgerichtete Vorgehensweise bei der Kostenerhebung und -umlage zur unberechtigten Vermögensaneignung führen kann.

Wird das wünschenswerte Vonovia-Geschäftsverständnis der realen Vonovia-Geschäftspraxis gegenübergestellt, offenbart sich deutlich:

> Größer als die Verantwortung gegenüber
> den Immobilien und den Mietern
> ist nur die für die Aktionäre!

Anhang

Anlage 1
Ablauf der Bearbeitung von Mietereingaben

Laufvariable n für die Kostenart Hauswart/Objektbetreuer

n	Schreiben vom	n	Schreiben vom	n	Schreiben vom	n	Schreiben vom
1	21.09.2017	9	08.04.2018	17	22.10.2018	25	27.05.2019
2	26.09.2017	10	22.04.2018	18	05.11.2018	26	19.07.2019
3	09.11.2017	11	03.05.2018	19	20.11.2018	27	09.09.2019
4	02.12.2017	12	15.05.2018	20	26.01.2019	28	09.12.2019
5	14.12.2017	13	04.06-2018*	21	14.03.2019*	29	22.01.2020
6	04.01.2018	14	17.07.2018	22	19.03.2019	30	24.02.2020
7	22.01.2018	15	06.10.2018	23	15.04.2019	31	08.05.2020
8	16.02.2018	16	16.10.2018*	24	30.04.2019	32	29.06.2020

*persönliche Gespräche

n+1 Auseinandersetzung geht weiter

Anlage 2
Eingangsbestätigung (Auszug)

04.05.2019

Eingangsbestätigung
Objekt: Postelwitzer Str. 2, 01277 Dresden

Sehr geehrter Herr Weißker,
sehr geehrte Frau Weißker,

vielen Dank für Ihre Anfrage bezüglich der Nebenkostenabrechnung. Wir bitten Sie an dieser Stelle um Verständnis dafür, dass die Bearbeitung der Angelegenheit noch einige Zeit in Anspruch nehmen wird.

Wir werden uns so bald wie möglich mit Ihnen in Verbindung setzen.

Bitte beachten Sie, dass die von uns neu berechneten Vorauszahlungen von Ihrem Einspruch unberührt sind und weiterhin gültig bleiben.

Sollten Sie in dieser Angelegenheit einen Rechtsvertreter (z.B. Rechtsanwalt, Mieterverein, etc.) mit der Wahrnehmung Ihrer Interessen beauftragt haben, wird die Beantwortung direkt an diesen erfolgen.

Vielen Dank für Ihr Verständnis.

Mit freundlichen Grüßen

Vonovia Kundenservice GmbH
- im Namen und für Rechnung für SÜDOST WOBA DRESDEN GMBH -

Dieses Schreiben wurde maschinell erstellt und ist ohne Unterschrift gültig

Anlage 3
Vonovia-Standardkontrollplan mit Kontrollrhythmus

Nr.	Tätigkeit*	Kontrollen**
1.1	Gewährleistung der ordnungsgemäßen Beleuchtung im Außenbereich	27
1.2	Kontrolle ggf. Reinigung: Schmutzfangsiebe und Einlaufrinnen an Einläufen	1
1.3	Kontrolle des Zustandes der Außenanlagen. insbes. der Wege etc.	52
1.6	Müll- und Papierkörbe überprüfen und bei Bedarf entleeren, Unrat entfernen	52
1.8	Sichtkontrolle von außen zugänglichen Lichtschächten; Reinigung bei Bedarf	2
1.9	Kontrolle der Gehwegplatten und anderer Gefahrenquellen	12
1.10	Kontrolle ggf. Reinigung Fußabtritte z.B. an Außentüren, Kellertreppen****	--
2.3	Kontrolle und ggf. Sauberhaltung der Müllplätze und stände	52
3.0	Kontrolle der Türen und Schlösser des Gebäudes	7
5.1	Kontrolle der Frischwasserversorgungsleitungen	12
5.2	Kontrolle der Abwasserleitungen	12
5.3	Kontrolle der Druck- u. Hebeanlage	12
5.5	Kontrolle der Wasserfilter	12
5.7	Absperren von frostgefährdeten Wasserleitungen, Sicherung der Wasseruhren***	1
5.8	Kontrolle der Entwässerungseinrichtungen auf Funktionssicherheit	27
6.1	Kontroller der Nass- und Trockenleitungen, der Pumpen	12
6.2	Kontrolle der Lüftungsanlage****	--
6.3	Kontroller der Rauchüberwachungsanlagen	12
6.4	Kontrolle der Brandmeldeanlagen****	--
6.5	Kontrolle der Feuerlöscher, Brandschutztrockenleitungen	12
7.0	Kontrolle der Beleuchtung in Hauseingängen, Treppenhäusern, Kellern und Gemeinschaftsräumen	52
7.1	Kontrolle der Schaltschränke / Sicherungskästen	12
7.2	Kontrolle der Schalter und Steckdosen in Allgemeinräumen	12
7.3	Kontrolle der Einhaltung der Hausordnung	52
7.4	Kontrolle der Sauberkeit von Allgemeinräumen und Treppenhäusern	52
7.9	Überprüfung der Keller- und Dachfenster in der Frostperiode	17
8.1	Überprüfung des Fahrkorbs auf Beschädigung, Be-/Verschmutzung (ab April 2018)***	26

Quellen: *Detaillierter Tätigkeitsnachweis, **Kontrollrhythmus 2017/2018, ***als neue Kontrolle eingeführt, ****Kontrollen wurden gestrichen

Anlage 4
Erläuterung der Hausmeisterleistungen/-kontrollen

1.1	Gewährleistung der ordnungsgemäßen Beleuchtung im Außenbereich	Hier handelt es sich um die Sicht- und Funktionskontrolle auf Unversehrtheit einer Straßenlaterne und Meldung bei Defekt oder mangelnder Funktion.
1.3	Kontrolle des Zustandes der Außenanlagen, insbesondere der Wege etc.	Gemäß Leistungsverzeichnis wird die Position 1.3 einmal wöchentlich durchgeführt und beinhaltet zum Beispiel die Kontrolle auf Unfallgefahren durch „Stolpersteine" in Pflasterbereichen und Absackungen in Wegebereichen der Außenanlagen um das Gebäude herum. Weiterhin wird hier die Schadensfreiheit und Zugänglichkeit der Verkehrsflächen und Fluchtwege sichergestellt, Zäune auf Standsicherheit geprüft und Dienstleister mit der Beseitigung der Unfallgefahren beauftragt.
1.9	Kontrolle der Gehwegplatten und anderer Gefahrenstellen	Bei der Position 1.9 hingegen geht es um Kontrollen um den Hauseingang zum Beispiel Gehwegplatten beim Hauseingang, Kellerzugang, Garagen und Zuwegungen. Hier erfolgen die Sichtkontrollen auf Trittsicherheit und losen Platten. Bei mangelnder Trittsicherheit wird ein Dienstleister mit der Behebung der losen Platten beauftragt.
1.6	Müll- und Papierkörbe überprüfen bzw. entleeren, Unrat aus den Anlagen entfernen	Die Position 1.6 beinhaltet die Leerung des Papierkorbes sowie die Beseitigung des Unrates auf dem gesamten Grundstück (Plaste, Papier, Zigaretten etc.). Es erfolgt weiterhin eine aktive Sichtkontrolle auf Müll und allgemeine Gefahren, wie zum Beispiel Brandgefahr.
2.3	Kontrolle und Sauberhaltung der Müllplätze und Müllplatzstände	Die Position 2.3 bezieht sich konkret auf den Müllstandplatz. Dabei wird der Müllstandplatz geprüft, Müll und Gegenstände entfernt. Des Weiteren muss hier die ganzjährige Zugänglichkeit gewährleistet sein.
1.8	Sichtkontrolle von außen zugänglichen Lichtschächten, Reinigung bei Bedarf	Gemäß Leistungsverzeichnis ist diese Position mit 2 Durchgängen pro Jahr vorgemerkt. Dieses Jahr ist noch keine Reinigung bzw. Abrechnung erfolgt. Die Entscheidung zur Reinigung liegt beim Objektbetreuer, da er vor Ort ist. Unser Mitarbeiter wurde auf die konsequente Beauftragung hingewiesen.
1.1 bis 1.10; 2.3	Kontrolle der Außenanlage	Hierbei handelt es sich um zwei verschiedene Tätigkeiten. Die Kostenart Außenanlage betrifft den Rasen- bzw. Grünschnitt und die Objektbetreuerkontrollen sind die Betreiberpflichten im Rahmen der Sicht- und Funktionskontrollen.
5.3	Kontrolle der Druck- und Hebeanlagen	Die Position 5.3 wird einmal im Monat durchgeführt und beinhaltet die Funktionskontrolle von Hebel und Schwimmer und die Überprüfung, ob die Schwimmer sauber, frei und beweglich sind. Des Weiteren wird Wasser in die Hebeanlage gegossen und geprüft, ob der Hebel ansteigt. Bei Mängeln wird hier ein Dienstleister beauftragt.

6.1	Kontrolle der Nass- und Trockenleitungen der Pumpen	Diese Positionen werden monatlich durchgeführt und umfassen jeweils die Sichtkontrolle zur Einhaltung der Wartungsintervalle (evtl. durch Prüfsiegel/Prüfstempel) sowie die Kontrolle des Wartungsbuches mit Stempel
6.3	Kontrolle der Rauchüberwachungs-anlagen	
6.5	Kontrolle der Feuerlöscher, Brandschutztrockenleitungen	
7.0	Gewährleistung der ordnungsgemäßen Beleuchtung in den Hauseingängen, Treppenhäusern, Kellerfluren, Gemeinschaftsräumen	Bei dieser Position erfolgt die Kontrolle hinsichtlich Beschädigungen und Funktionalität der Beleuchtung in den Hauseingängen, Treppenhäusern, Kellerfluren und Gemeinschaftsräumen.
7.1	Kontrolle der Schaltschränke/Sicherungskästen	Hier erfolgt die Sichtkontrolle auf Unversehrtheit der Schaltschränke/Sicherungskästen sowie die Kontrolle der Plombe auf Schäden und Überprüfung der Wartungsintervalle.
7.2	Kontrolle der Schalter und Steckdosen in Allgemeinräumen	In der Position 7.2 erfolgt die Kontrolle auf Beschädigung und Funktionalität der Schalter und Steckdosen in Allgemeinräumen wie zum Beispiel Lichtschalter.
7.3	Kontrolle der Einhaltung der Hausordnung	Hier erfolgt die Kontrolle der Einhaltung der Hausordnung gemäß Mietvertrag wie zum Beispiel die Kontrolle auf Freihaltung der Fluchtwege und die Beseitigung von Gefahrenstellen.
7.4	Kontrolle der Sauberkeit von Allgemeinräumen und der Treppenhäuser	Bei der Position 7.4 hingegen erfolgt die Kontrolle der Sauberkeit (Hausreinigung) von Allgemeinräumen, Treppenhäusern und Kellergängen.
7.9	Überprüfung der Keller- und Dachfenster in der Frostperiode	Diese Position beinhaltet die Prüfung ob Keller- und Dachfenster in der Frostperiode verschlossen sind (Energieeinsparung). Es gibt zwar keine Dachfenster, die Bezeichnung ist als entweder Keller- oder Dachfenster zu interpretieren.
3.0	Kontrolle der Türen und Schlösser des Gebäudes (Schlösser, Türöffner und Türschließer)	Hier erfolgt die Funktionskontrolle der Türen hinsichtlich der Gang- und Schließbarkeit und bei Bedarf die Beauftragung der Behebung des Mangels.

Ergänzung der Erläuterungen vom 07.02.2020

5.7	Absperren von frostgefährdeten Wasserleitungen, Sicherung der Wasseruhren	Bedauerlicherweise kam es bei dieser Position zu Unstimmigkeiten.
8.1	Überprüfung des Fahrkorbs auf Beschädigungen, Be-/Verschmutzungen etc.	In Ihrem Objekt befinden sich zwei Aufzüge*. Bitte beachten Sie, dass wir bereits mit den Schreiben (es folgen sechs Datumsangaben) ausführliche Erklärungen abgegeben haben. *im Objekt befindet sich ein Aufzug mit zwei Fahrkörben!

Anlage 5
Flurstück 471: Postelwitzer Straße 2, Gruna

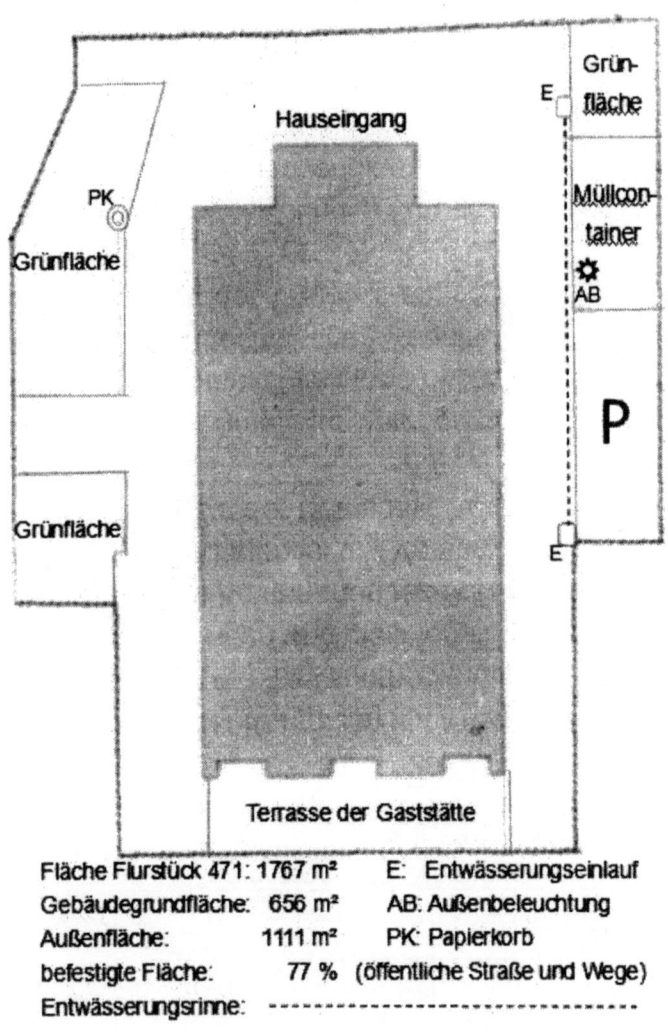

Fläche Flurstück 471: 1767 m²   E: Entwässerungseinlauf
Gebäudegrundfläche: 656 m²   AB: Außenbeleuchtung
Außenfläche: 1111 m²   PK: Papierkorb
befestigte Fläche: 77 % (öffentliche Straße und Wege)
Entwässerungsrinne: ----------------------------------

Quellen: geoportal.sachsen.de, maps.google.de

Anlage 6

Bundesgerichtshof Entscheidungen

Abgrenzungskriterien für die Umlagefähigkeit von Betriebskosten der Pflege von Garten- oder Parkflächen, die nicht nur Mietern sondern der Öffentlichkeit zugänglich sind – VIII ZR 33/15 -

Der unter anderem für das Wohnraummietrecht zuständige VIII. Zivilsenat des Bundesgerichtshofs hat am 10. Februar 2016 folgende Entscheidung verkündet:

BGB § 556 Abs. 1; BetrKV § 2 Nr. 10

Garten- oder Parkflächen, die durch bauplanerische Bestimmungen oder durch den Vermieter selbst für die Nutzung der Öffentlichkeit gewidmet sind, fehlt der erforderliche Bezug zur Mietsache, der über das in § 556 Abs. 1 Satz 2 BGB enthaltene Merkmal des bestimmungsgemäßen Gebrauchs für die Umlegung von Betriebskosten vorausgesetzt ist. Liegt eine derartige Widmung zugunsten der Öffentlichkeit vor, so dass jedermann die Nutzung dieser Flächen unabhängig davon gestattet ist, ob er eine Wohnung in der Wohnanlage der Beklagten angemietet hat, können die Kosten der Pflege dieser Flächen nicht als Betriebskosten den Wohnraummietern angelastet werden.

Anlage 7
Rechnung „Wartung elektrische Türen"

saxOmatic Automatiktüren+Tortechnik GmbH
Wilhelm-Franke-Str. 16 01219 DRESDEN

Deutsche TGS GmbH
c/o. Vonovia SE
Postfach 10 12 51
57006 SIEGEN

Kundennr.

Dresden, 31.08.2016
Nummer RE16-0001267
Bearbeitung

RECHNUNG

Bauvorhaben: Postelwitzer Str. 2, Wartung der Automatiktüren

Ihre Wartungsvertragsnummer: Rahmenvertrag GAGFAH
Unsere Lieferung/Leistung vom: 30.08.2016

Wir erlauben uns Ihnen gemäß Ihrem Auftrag folgende Positionen in Rechnung zu stellen:

Nr	Pos	Bezeichnung	Menge	Einheit	Einzelpreis	Gesamtpreis
1		Wartung und Sicherheitsdurchsicht entsprechend der Richtlinie für kraftbetätigte Türen, Tore und Fenster BGR 232 und den Vorschriften des Herstellers für 1 Stück Automatiktür Waldoor UWD und 1 Stück Waldoor UZD, lt. WV 2004-W-33	1,00	Stück	189,20	189,20

Positionen €	Zuschläge €	Rabatt €	Netto €	Mwst. 19,00%	Brutto €
189,20	0,00	0,00	189,20	35,95	225,15

Die Rechnung ist zu zahlen bis: 14.09.2016
Es gelten unsere allgemeinen Geschäftsbedingungen. Es gilt der erweiterte Eigentumsvorbehalt. Die Ware bleibt bis zur vollständigen Bezahlung unser Eigentum. Freistellungsbescheinigung gem § 48 EStG liegt vor, Abzüge sind somit nicht zulässig
Für den Fall, daß diese Rechnung ohne Mehrwertsteuer ausgestellt wurde, ist der Rechnungsempfänger nach § 13 b Abs. 2 UstG Umsatzsteuerpflichtig. Auf die Aufbewahrungspflicht für diese Rechnung gemäß Steueränderungsgesetz 2003 wird hingewiesen.

Bank: Ostsächsische Sparkasse Dresden BLZ 850 503 00 Konto-Nr. 312 021 78 66
IBAN DE 57850503003120217866 BIC OSDDDE81XXX

USt.Ident Nr. DE 813331
Steuer Nr. 203/118/10066
HRB 31523 Dresden

---

saxOmatic Wilhelm-Franke-Straße 16 01219 DRESDEN   tel 0351-270 70 82   fax 0351-270 70 83
Ihr Spezialist für Automatiktüren und Tortechnik + Werksvertretung für BFT Torantriebe   e-mail post@saxomatic.de www.saxomatic.de

Anlage 8
Arbeitsauftrag „Wartung elektrische Türen"

ARBEITSAUFTRAG / LEISTUNGSNACHWEIS			saxOmatic
		Automatiktüren + Tortechnik	

Termin: 30.8.16

DRESDEN, Wilh.-Franke-Str. 16
Tel 0351-2707082 FAX 2707083

BV Postelwitzer Str. 2 BV-Nr 303.00
Innentür

Ansprechpartner ▬▬▬▬▬▬▬▬

Telefon
0172 9755188
2588731

Wohnhaus

Postelwitzer Str. 2
01277 Dresden

Rechnungsadr.: Südost Woba (falls abw.)
Produkt: AT UZD
UZD, Bewegungsmelder, Lichttaster AIR 30

Inbetriebn.	letzte Rep.	letzte Wartg	nächste Wartg	WV	WV-Nr	Entf
06.01.98	08.09.09	16.11.09	16.11.10	111	2004-W-33	4

avisiert am: _____ von: _____ bei: _____ Tel / FAX / Brief

Arbeitsanweisung: Wartung u. Sicherheitsdurchsicht gem. Auftrag/Vertrag
Arbeitszeit und Material für erforderliche Reparaturen aufgrund der Überprüfung sind gesondert auszuweisen
und werden extra berechnet

erbrachte Leistungen:
Wartung und Sicherheitsdurchsicht entspr. den z.Z. gültigen Vorschriften
und den Richtlinien des Herstellers
festgestellte Mängel:

Siehe Prüfprotokoll

Mängel beseitigt/Reparatur abgeschlossen [_] JA [_] Nein Restarbeiten:

Materialverbrauch extra s.o.	Art.-Nr	Menge	EUR/ME zzgl. MWSt
div. Kleinmaterial			

Wartung pausch. incl. An- und Abf 1
Arbeitszeit extra s.o. von bis Std

Sicherheitsdurchsicht durchgeführt
Anlage ordnungsgemäß übergeben Leistung mängelfrei übernommen
Monteur 30.8.16 Auftraggeber
Datum Datum
Wartungsvereinbarung: Hiermit erteilen wir den Auftrag die nächste Wartung am ..... durchzuführen.

Auftraggeber ....

saxOmatic Wilhelm-Franke-Straße 16 01219 DRESDEN tel 0351-270 70 82 fax 0351-270 70 83
Ihr Spezialist für Automatiktüren und Tortechnik + Werksvertretung für BFT Torantriebe e-mail post@saxomatic.de www.saxomatic.de

Anlage 9
>	Auszüge aus dem Briefwechsel zwischen mir
>	als Mieter (Einschreiben vom 09.09.2019) und
>	*Vonovia Kundenservice vom 07.02.2020*
>	(im Auftrag des Vorstandsvorsitzenden zu den Themen)

Modernisierung
Da es sich bei der abgeschlossenen Maßnahme nicht um eine Luxusmodernisierung handelt, können wir diese auch abrechnen. Die Umlage ist daher korrekt und wir sehen diesen Vorgang als erledigt an.

Kommentar: Diese Rechtsmeinung wird von der Rechtslage nicht gedeckt.

Ich bitte Sie um Ihre Stellungnahme zur Anerkennung der mietrechtlichen Ergänzung des Mietvertrages vom 26.06.2006.
Bezüglich des genannten Themas hat sich bereits die zuständige Fachabteilung mit Ihnen in Verbindung gesetzt.

Kommentar: Bisher hat noch keine Fachabteilung zu diesem Thema Stellung bezogen.

Mietanpassung
Sie haben die nachhaltige Energieeinsparung der o. g. Modernisierungsmaßnahme als einzige Begründung angeführt. Ich erwarte den schriftlichen Nachweis, dass die durchgeführte Modernisierung die nachhaltige Energieeinsparung im Sinne der Definition der energetischen Modernisierung § 555b Nr.1 und Nr.2 BGB sichert.
Auch diesbezüglich hat sich bereits die zuständige Fachabteilung mit Ihnen in Verbindung gesetzt.
Die vorgenannte Mietanpassung gem. § 558 BGB haben wir aus Kulanz zurückgenommen.

Kommentar: Der nachvollziehbare Nachweis, dass der Einbau der Videosprechanlage eine energetische Modernisierung ist, blieb bisher aus, ihre Ankündigung ist sachlich falsch. In der Mietanpassung zum 01.10.2019 wurden in die Berechnung gem. § 558 BGB noch einmal die Kosten für die Modernisierungsmaßnahme gem. § 559 BGB einbezogen.

Aufzugsanlage/Mietminderung
Ihre Entscheidung vom 12.10.2018 und vom 06.12.2018, das Ergebnis der Berechnung der Gesamtausfallzeit auf 5 Monate festzulegen, entbehrt jeglicher Logik und Realität.
Ich fordere Sie auf, den Rechenweg für die Berechnung des Gesamtausfalls darzulegen.
Zu diesem Punkt haben wir ausreichend Stellung genommen. Wir verweisen auf unsere Schreiben vom 12.10.2018, 06.12.2018 und 15.08.2019.
Kommentar: Die Gesamtausfallzeit betrug 22 Monate. Die zeitweise Funktionstüchtigkeit des zweiten Fahrkorbs kann nicht die Begründung für das Berechnungsergebnis von nur fünf Monaten Gesamtausfallzeit sein.

Aufzugsanlage Kostenabrechnung
Wenn der Wartungsvertrag keine Anpassung der Wartungsarbeiten bei Betriebsstilllegung vorsieht und objektiv keine Wartungsarbeiten durchgeführt werden, die Kosten aber wie bei Normalbetrieb in Rechnung gestellt werden, ist das Betrug im Sinne des § 263 StGB. Ich fordere Sie auf, die Kostenabrechnung so zu verändern, dass sie in jeder Hinsicht nachvollziehbar ist.
Kommentar: Trotz des nachgewiesenen inakzeptablen Verhältnisses von Betriebsbereitschaft (2016/2017: 1 Mon.) zu den Gesamtkosten (4518,09 €) wurde zu dieser Kostenabrechnung keine Stellung bezogen. Ein ähnliches Nutzen-Kosten-Verhältnis wurde uns Mietern auch 2017/2018 zugemutet.

Neue Kostenarten
Zu den neuen Kostenarten gehören insbesondere:
- 2014/2015 Stromversorgung
- 2015/2016 Wartung elektr. Türen, Pflege Außenanlage allgemein
- 2016/2017 Wartung Notstromanlage
- 2017/2018 Hauswart/Objektbetreuer, Wartung Blitzschutzanlage

Kommentar: Die Betriebskostenabrechnung ist keine Mitteilung des Vermieters für neue Kostenarten, sondern die fällige Betriebskostenforderung. Zur Verletzung Ihrer gesetzlichen Mitteilpflicht haben Sie nie Stellung bezogen.

Wartung Notstromanlage
Ihre Begründung, dass diese neue Kostenart nur eine Umbenennung der bisherigen Kostenart Wartung Hausbeleuchtung ist, stimmt nicht. Die Stromversorgung beinhaltet ausschließlich die Kosten für die Hausbeleuchtung.

Da der Auffangbegriff Wartung Elektroanlagen nicht die Kostenart Wartung Notstromanlage ausdrücklich, eindeutig und im Einzelnen bezeichnet und sie im Mietvertrag [...] nicht aufgeführt ist, ist die Kostenart unzulässig. *In unserem Schreiben (...) haben wir Ihnen diesen Punkt ausführlich erläutert.*

Kommentar: Die Umbenennung zur neuen Kostenart und diese mit der Mehrbelastungsklausel zu begründen ist nicht korrekt. Beide Kostenarten *Wartung Notstromanlage* und *Stromversorgung* sind somit Kosten für die Hausbeleuchtung.

Stromversorgung
Die vorliegende Rechnungslegung weist die Gesamtkosten der Stromeinspeisung in die Verbraucherstelle Postelwitzer Str.2 aus. Der Nachweis der Kosten für die Hausbeleuchtung kann aus den Rechnungen nicht abgeleitet werden.

Wir können Ihnen versichern, dass sich die abgerechneten Stromkosten auf den von Ihnen genannten Paragrafen beziehen.

Kommentar: Da die Kosten für die „Wartung Notstromanlage" für die der Hausbeleuchtung eingesetzt werden und die Stromversorgung ausschließlich für die Hausbeleuchtung zuständig ist, stellt die Abrechnung der Stromversorgung neben den Kosten für die Wartung der Notstromanlage eine Doppelabrechnung dar. Darüber hinaus wurde 2017/2018 die Umsatzsteuer (1622,87 €) in die Kostenumlage mit einbezogen.

(Bruttokosten lt. Rechnungen: 10164,29 €, Vorverteilung: 10164,29 € = Basiswert für die weiteren Berechnungen)

Hauswart, neu: Hauswart/Objektbetreuer
Fakt ist:
1. Es gibt keinen Hauswart.
2. Die Kosten Hauswart (neu: Hauswart/Objektbetreuer) werden aber jährlich auf die Miete umgelegt und stellen einen erheblichen Kostenumfang dar.
3. Da die Kostenart Hauswart in der bisherigen Verantwortungszuweisung und in ihrer inhaltlichen Abrechnungsmethode gegen die vertraglichen Festlegungen sowie die BetrKV verstößt, wird sie in der Abrechnung 2017/2018 umbenannt.
4. Die bisherige und auch die neu bezeichnete Kostenart beinhalten überwiegend Kontrollen zur Feststellung von Mängeln.
5. Die Kontrollen sind in einem Vonovia-Standardkontrollplan festgelegt.
6. Alle Kontrollen werden als Leistungen ohne jeden zeitlichen Bezug deklariert.
7. Jede Kontrolle wird mit 26,35 € berechnet.
8. Die Häufigkeit der Kontrollen/Kontrolldurchgänge und die Kontrolltage werden zentral festgelegt und angeordnet.
9. Die Anzahl der Kontrollen variiert pro Abrechnungszeitraum erheblich (Tendenz steigend).
10. Die erzielten Einnahmen (entspr. Gesamtkosten lt. Rechnungen) stellen keine Vergütung im Sinne des Arbeitsrechtes dar, sondern sind das Ergebnis einer einheitlichen sachbezogenen Abrechnung mit einem pauschalen Kostensatz für alle unterschiedlichen Kontrolltätigkeiten.
11. Die Einhaltung des Prinzips der Wirtschaftlichkeit wird durch ihre inhaltliche und qualitative Fehlinterpretation ausgeschlossen. Sie wird als Produkt der Anzahl der Kontrollen multipliziert mit 26,35 € pro Kontrolle verstanden.
12. Der Kontrollbeauftragte erhält keinen Cent für seine Hausmeisterleistungen/-kontrollen

Antworten zu den Punkten:
1.–4. *Wir werden keine weitere Stellungnahme mehr abgeben.*
5. *Der Hauswart führt die für das zugeteilte Gebäude vorgesehenen Arbeiten durch.*
6. *Die Kontrollen erfolgen in einem festgelegten Rhythmus.*
7. *Jede Kontrolle kostet 26,35 €.*
8. *Das Leistungsverzeichnis wird objektbezogen angepasst.*
9. *Wenn neue Positionen dazukommen, wird das Leistungsverzeichnis erweitert.*
10.–12. *Hierzu haben wir uns bereits geäußert.*
Obwohl die Leistungen korrekt abgerechnet wurden, haben wir Ihnen aus Kulanz einen Betrag von 150,00 € gutgeschrieben.
Kommentar: siehe Kapitel Hauswart.

Leistungsverzeichnis Hauswart/Objektbetreuer
Das überarbeitete Leistungsverzeichnis ist ebenso wenig wie das bisherige nur ein Kontrollverzeichnis. Die inhaltlichen Merkmale der einzelnen Hausmeisterkontrollen bestätigen eindeutig, dass es sich bei den Kontrollen ausschließlich um Sicht- und Funktionskontrollen handelt. Die Rechnungen über umlegbare Hausmeisterleistungen gemäß Leistungsverzeichnis sind falsch.
Bitte beachten Sie, dass wir bereits mit Schreiben vom 15.08.2019 eine ausführliche Erklärung abgegeben haben.
Kommentar: siehe Anlage 4

Außenanlage Rasenfläche und Außenanlage Gehölzfläche
Die gesamte Außenanlage, Grünflächen, Wege, Parkplätze und Straße dienen zwangsläufig dem öffentlichen Verkehr, da nur über sie die Sicherstellung der Versorgung und des Zugangsverkehrs zu den Gewerbeeinheiten im Miethaus möglich ist.
Der § 556, Abs.1 BGB, die BetrKV § 2 Nr.10 sowie der Mietvertrag legen eindeutig fest, dass die Kosten für die Gartenpflege auf die Miete nur umgelegt werden können, wenn diese Flächen nicht dem öffentlichen Verkehr dienen oder nicht zugänglich sind.
Die Außenanlagen gehören zur Wohnanlage und sind deswegen auch den umlagefähigen Betriebskosten zuzuordnen.

Kommentar: Das Wohnhochhaus und die dazugehörige Außenanlage ist keine Wohnanlage, sondern ein selbständiges Mietobjekt auf einem eigenen Flurstück. Die o. g. Begründung zur Rechtfertigung der umlagefähigen Betriebskosten ist falsch. Ich möchte noch einmal auf die Entscheidung des BGH -VIII ZR 33/15- (Anlage 6) verweisen.

Gebühr für Fernsehempfang
Erläutern Sie bitte die mehrfach angemahnte Kostenerhöhung. Sie wissen, dass das Fehlen von Mindestangaben in der Aufteilung der Gesamtkosten ein formeller Fehler ist und dieser die Abrechnung unwirksam macht.
Die Pflichtbestandteile einer Rechnung ergeben sich aus § 14 Absatz 1 UStG.
Kommentar: Zur Kostenerhöhung auf 111 % auf die ab 01.04.2011 vertraglich festgelegte Monatsgebühr und zum Fehlen von Mindestangaben gem. § 259 BGB „Umfang der Rechenschaftspflicht" in den Abrechnungen 2016/2017 und 2017/2018 wurde bis jetzt keine Erklärung abgegeben.

Gesprächstermin
Hiermit beantrage ich einen Aussprachetermin. Ziel der Zusammenkunft muss die sachliche und lösungsorientierte Klärung der unbeantworteten Fragen, die Annäherung unserer unterschiedlichen Auslegungen und Standpunkte und die Einschränkung des Schriftverkehrs sein.
Aufgrund der bereits stattgefundenen Termine und die durch uns bereits zahlreichen Stellungnahmen, halten wir einen weiteren Gesprächstermin für nicht zielführend.
Kommentar: Die Gesprächsinhalte habe ich als eine Art Protokolle dem Vermieter schriftlich übersandt. Die zahlreichen Stellungnahmen sind den schriftlichen Antworten zu entnehmen. Die eingereichten Widersprüche zu den jährlichen Betriebskostenabrechnungen seit 2016 werden zwar bearbeitet, aber nicht gelöst, und so kommen immer neue dazu.

Anlage 10
Die Dresdner Sozialcharta (Auszug)

1. Mieterschutz

1.1 Der Erwerber verpflichtet sich, alle zugunsten der Mieter im geltenden Recht sowie in den Mietverträgen vorgesehenen Regelungen strikt einzuhalten und nicht zu unterlaufen.

1.2 Zusätzlich ist vorgesehen, dass sich der Erwerber für einen Zeitraum von mindestens fünf Jahren, möglicherweise bis zu zehn Jahren, Beschränkungen bei Mieterhöhungen unterwirft. Wie bei Wohnungsprivatisierungen in den letzten Jahren üblich, dürfen die Mieten für die zum Zeitpunkt der Privatisierung bestehenden Mietverträge im Durchschnitt für den Gesamtbestand pro Jahr nicht über einen bestimmten Prozentsatz (2 bis 3 %) über dem Lebenshaltungskostenindex erhöht werden. Der Erwerber wird verpflichtet, bei Wohnungen, die wesentlich unter der ortsüblichen Vergleichsmiete liegen, die Mieterhöhung auf 70 % des gesetzlich zulässigen Maßes zu begrenzen.

6. Sicherung der vertraglichen Zusagen

6.1 Für die Verletzung dieser und anderer Bindungen wird sich der Erwerber für den Fall der Zuwiderhandlung erheblichen Vertragsstrafen aussetzen.

6.2 Der Erwerber wird verpflichtet, bei einem Weiterverkauf von Anteilen oder Wohnungsbeständen mit dem neuen Erwerber die Einhaltung der Bedingungen der Sozialcharta vertraglich zu sichern.

6.3 Einrichtung eines Beirats „Beirat Wohnen" im Stadtrat mit einem Vertreter der WOBA als berufenen Bürger.

6.4 Der Erwerber sichert der Landeshauptstadt Dresden das Recht zu, den Oberbürgermeister oder einen von ihm benannten Vertreter als Vertreter der Landeshauptstadt Dresden in den WOBA-Aufsichtsrat zu entsenden.

Anlage 11
Ergänzung des Mietvertrages (Auszug)

2. Wir verzichten ferner für die Dauer des Mietverhältnisses auf eine Luxusmodernisierung der Wohnung ohne Ihre Einwilligung. Als Luxusmodernisierung in diesem Sinne gilt eine Modernisierung, die von Ihnen zwar gem. §§ 554, 559 BGB zu dulden wäre, jedoch wesentlich über den Standard für vergleichbare, innerhalb der letzten drei Jahre vor der zu beurteilenden Maßnahme durchgeführten Modernisierungen von Wohnungen im Eigentum der WOBA - Gruppe hinausgeht. Ausgenommen hiervon sind in jedem Falle von Ihnen als Mieter gem. § 554 BGB zu duldende Modernisierungsmaßnahmen, die dem Vermieter kein Recht zur Erhöhung der Miete gem. § 559 BGB geben.

Sämtliche der genannten Vergünstigungen binden gem. § 566 BGB auch unsere etwaigen Rechtsnachfolger als Vermieter Ihrer Wohnung.

Falls Sie diesem Angebot nicht ausdrücklich widersprechen, gehen wir davon aus, dass sie unser Angebot annehmen, ohne dass sie dies uns gegenüber ausdrücklich erklären. Dieses Angebot wird dann gem. 151 BGB **Bestandteil Ihres Mietvertrages**. Wir erklären insoweit unseren Verzicht auf Ihre Annahmeerklärung uns gegenüber.

Bitte nehmen Sie dieses Schreiben zu Ihren Vertragsunterlagen!

Sollten Sie zu diesem Schreiben noch Fragen haben, sprechen Sie uns bitte an!
Für ergänzende Informationen stehen wir Ihnen gerne zur Verfügung.

Mit freundlichen Grüßen

WOBA DRESDEN GMBH
im Namen und Auftrag der SÜDOST WOBA DRESDEN GMBH

Der Autor

Hermann Weißker wurde 1938 in Halle an der Saale geboren. Nach dem Abitur entschied er sich für die Offizierslaufbahn (Luftstreitkräfte). 1971 wurde er zum Studium an die TU Dresden delegiert. Bis 1990 war er Mitarbeiter im Kombinat Spezialtechnik Dresden. Nach der Wende war er mehr als zwanzig Jahre Programmierer im SV Verlag Saxonia GmbH. Hermann Weißker ist verheiratet und hat drei Kinder. Heute lebt er in Dresden.

novum 🕮 VERLAG FÜR NEUAUTOREN

Der Verlag

„ *Wer aufhört besser zu werden, hat aufgehört gut zu sein!*

Basierend auf diesem Motto ist es dem novum Verlag ein Anliegen neue Manuskripte aufzuspüren, zu veröffentlichen und deren Autoren langfristig zu fördern. Mittlerweile gilt der 1997 gegründete und mehrfach prämierte Verlag als Spezialist für Neuautoren in Deutschland, Österreich und der Schweiz.

Für jedes neue Manuskript wird innerhalb weniger Wochen eine kostenfreie, unverbindliche Lektorats-Prüfung erstellt.

Weitere Informationen zum Verlag und seinen Büchern finden Sie im Internet unter:

www.novumverlag.com